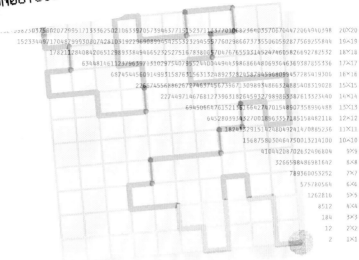

...93582503756020729951713336250210635970573946377151523711337701068236403570670447206494039B	20×20
1523344971704879993080742810319229690899454255323294555776029866737355060592877569255844	19×19
17821128408420651298933849466523252751678380657047676550314524746058266692782532	18×18
6344814611237963971510297540795524004494453986866480693646369387855336	17×17
6B745445600149931587631563132489232824587945968099457285419306	16×16
226674556886267274637456739671309893486632488540831902B	15×15
2274497146768127396318264593279898633B7613323440	14×14
69450664761521561664274701548907358996488	13×13
645280593432700189635571B5158482118	12×12
182413291514240492414708B5236	11×11
156875803046475001321410O	10×10
41044208702652496804	9×9
3266598486981642	8×8
789360053252	7×7
575780564	6×6
1262816	5×5
8512	4×4
184	3×3
12	2×2
2	1×1

超高速
グラフ列挙アルゴリズム

〈フカシギの数え方〉が拓く,組合せ問題への新アプローチ

POD版

湊　真一 編　　ERATO 湊離散構造処理系プロジェクト 著

森北出版

●本書のサポート情報を当社 Web サイトに掲載する場合があります．下記の
URL にアクセスし，サポートの案内をご覧ください．

https://www.morikita.co.jp/support/

●本書の内容に関するご質問は下記のメールアドレスまでお願いします．なお，
電話でのご質問には応じかねますので，あらかじめご了承ください．

editor@morikita.co.jp

●本書により得られた情報の使用から生じるいかなる損害についても，当社およ
び本書の著者は責任を負わないものとします．

JCOPY 〈(一社)出版者著作権管理機構 委託出版物〉
本書の無断複製は，著作権法上での例外を除き禁じられています．複製される
場合は，そのつど事前に上記機構（電話 03-5244-5088，FAX 03-5244-5089，
e-mail: info@jcopy.or.jp）の許諾を得てください．

編者まえがき

　子供の頃に大きな数の単位を習ったとき，「一，十，百，千，万，億，兆，…」と続いていって，最後はどこまでいくのだろう，という疑問をもった人は多いのではないだろうか．日本で現在用いられている数の単位は，江戸初期の和算の書「塵劫記」に書かれたものが起源とされており，そこには「…，那由他，不可思議，無量大数」まで続く最大 10^{68} までの単位が記されている．そのような超巨大数を考えることは，浮世離れした純粋な学問の話と最近までは考えられていたが，近年の情報科学の進歩により，那由他，不可思議クラスの膨大な個数の解が発生するような，いわゆる組合せ爆発を起こす問題に対しても，さまざまな工夫によって，現実的な時間で解をすべて列挙できる場合があることがわかってきた．しかも単に列挙するだけでなく，求めた膨大な解をコンパクトに圧縮して索引化することで，必要な候補を素早く取り出せるようにする実用的な技法の研究が進んでいる．本書は，このような最先端の列挙アルゴリズムの技法についての解説書である．

　本書はいわゆる技術専門書・学術書の体裁をとっているが，単に学術論文を束ねたようなものではない．本書の読者として想定しているのは，最新のアルゴリズムの技法を現実の問題に応用してみたいと思う人，たとえば企業に勤めるソフトウェア開発技術者，コンピュータの応用を学んでいる理工系の大学生，個人的にプログラミングを趣味とする人，などである．内容は，大きく3部構成となっている．第1部は導入と準備で，本書を執筆するきっかけとなった「おねえさんの問題」から始めて，グラフ列挙の問題とはどのようなもので何の役に立つのかを簡単に述べる．ここでは，本書で用いる専門用語の解説と，「ZDD」と呼ばれる最先端のデータ構造についての基礎的知識を，できるだけ平易な言葉で記述するように心がけた．第2部は，現実のさまざまな問題を題材として，超高速グラフ列挙アルゴリズムの適用例を解説している．ただ説明するだけでなく，実行可能な簡単なプログラムのコードを示すことによって，読者が自分のコンピュータで動作を確かめながら読み進められるよう配慮している．第3部では，発展的な話題として，数え上げの世界記録を達成するために用いた高度な技術的工夫や，計算機内部での処理系の動作のやや

詳しい解説，さらに今後期待される技術の広がりについて述べている．

　江戸時代には，庶民が算術の難問を解いて額に飾って神社に奉納するという慣習が全国各地にあったと聞いている．そのような学問の裾野の広がりが，近代以降の日本の産業発展の礎になったと思われる．和算の伝統は，現代では形を変えて，プログラミングを趣味とする人がインターネット上のサイトに自作プログラムを「奉納」したり，問題の解法をブログなどで公開するといった形で生き続けているようにみえる．そのような観点から，本書がアルゴリズム技術に興味をもつ非専門家と専門家をつなぐ指南書の役割を果たすことを期待している．

　なお，本書は科学技術振興機構 (JST) により 2009 年 10 月から 5 年半にわたって実施された「ERATO 湊離散構造処理系プロジェクト」の研究成果の一部をまとめたものである．各章の執筆は，ERATO プロジェクトに所属する研究員および共同研究者の方々の分担作業による．本書を出版するにあたり，ERATO プロジェクトの関係者および森北出版の担当者の方々に多大なご協力をいただいた．この場を借りて深く感謝する次第である．

　　2015 年 1 月

　　　　　　　　　　　　　　　　　　　　　　　　湊　真一

執筆者一覧 (50 音順)

井上　武（いのうえ・たける）　担当：第 6 章，付録 A
　NTT 未来ねっと研究所 主任研究員

岩下　洋哲（いわした・ひろあき）　担当：第 9 章
　株式会社富士通研究所 ソーシャルイノベーション研究所 シニアリサーチャー

宇野　毅明（うの・たけあき）　担当：第 9 章
　国立情報学研究所 情報学プリンシプル研究系 教授

川原　純（かわはら・じゅん）　担当：第 4,5 章
　奈良先端科学技術大学院大学 情報科学研究科 助教

斎藤　寿樹（さいとう・としき）　担当：第 2,5 章
　神戸大学 大学院工学研究科 助教

中元　政一（なかもと・まさかず）　担当：付録 B
　JST ERATO 湊離散構造処理系プロジェクト 技術員

戸田　貴久（とだ・たかひさ）　担当：第 2 章
　電気通信大学 大学院情報システム学研究科 助教

羽室　行信（はむろ・ゆきのぶ）　担当：第 7 章，付録 B
　関西学院大学 大学院経営戦略研究科 准教授

堀山　貴史（ほりやま・たかし）　担当：第 8 章
　埼玉大学 大学院理工学研究科 准教授

前川　浩基（まえがわ・ひろき）　担当：第 7 章
　JST ERATO 湊離散構造処理系プロジェクト 研究補助員

丸橋　弘明（まるはし・ひろあき）　担当：第 7 章
　SCSK 株式会社 西日本産業第一事業本部

湊　真一（みなと・しんいち）　担当：第 1,2,3,10,11 章，付録 B　［編者］
　北海道大学 大学院情報科学研究科 教授 / JST ERATO 湊離散構造処理系プロジェクト 研究総括

安田　宜仁（やすだ・のりひと）　担当：第 5,8 章
　JST ERATO 湊離散構造処理系プロジェクト 研究員

協力：
白井　康之（しらい・やすゆき）　JST ERATO 湊離散構造処理系プロジェクト 技術参事・研究員
津田　宏治（つだ・こうじ）　東京大学 大学院新領域創成科学研究科 教授

（所属および肩書きは 2015 年 2 月現在のものです）

▷目　次

第1部　導入と準備

第 1 章では，本書を執筆するきっかけとなった「おねえさんの問題」から始めて，グラフ列挙の問題とはどのようなもので何の役に立つのかを簡単に述べる．第 2 章では，本書で必要となる「グラフ」に関する基礎的な事項を解説し，続く第 3 章で，本書の中心的話題である「ZDD」というデータ構造の基本的な性質について述べる．

「フカシギの数え方」と グラフ列挙アルゴリズム

執筆担当：湊　真一

© JST ERATO / Miraikan

図 **1.1**　「フカシギおねえさん」の動画のカット

　「『フカシギの数え方』 おねえさんといっしょ！ みんなで数えてみよう！」というタイトルのアニメーション動画（図 1.1）をご存知だろうか[1]. 2012 年 8 月より約 8 ヶ月間，東京・お台場の日本科学未来館において，「フカシギの数え方」と題した展示が開催され，好評を博した．これは筆者らの研究プロジェクトが中心となり企画・制作したもので，組合せ爆発のすごさとアルゴリズム技術の重要性を小中高生や一般市民にわかりやすく伝えることを目的としたものである．その展示物の一つとして，このアニメーション動画が制作された．この動画では，$n \times n$ の格子グラフの対角 2 頂点を連結する（同じところを 2 度通らない）経路列挙の問題を，題材として取り上げている．おねえさんが子供たちの前で，経路の総数を数え上げてみせるのであるが，n が増えるに従って想像を絶する勢いで計算時間が増大していき，おねえさんは大きな困難に直面する（表 1.1 に経路の総数を示す）．11 × 11 の問題になると，スーパーコンピュータを用いても 290 億年（現在の宇宙の推定年齢をは

1.「フカシギ」でネット検索すれば容易に見つかる．2015 年 10 月の時点で約 170 万回再生．

表 **1.1**　$n = 11$ までの解の個数

n	経路の数
1	2
2	12
3	184
4	8,512
5	1,262,816
6	575,780,564
7	789,360,053,252
8	3,266,598,486,981,642
9	41,044,208,702,632,496,804
10	1,568,758,030,464,750,013,214,100
11	182,413,291,514,248,049,241,470,885,236

るかに超える時間）かかってしまうのであるが，最先端のアルゴリズム技術を使えば，同じ問題をわずか数秒で計算できてしまうことを淡々と述べて物語は終わっている（そして来場者は，次にアルゴリズム技術の解説のコーナーに進んでいくという展示構成となっていた）．

この動画のヒットにより，実際にこの問題を解いてみようとする人がネット上に多数出現し，近頃では「おねえさんの問題」といえば，この問題を指すほど有名になっている．例として，2 × 2 の格子グラフの問題と正解を図 1.2 に示す．左上の頂点 s から右下の頂点 t までの同じところを 2 度通らない経路を求めることは，グラフの 12 本の辺 e_1〜e_{12} のうち，どの辺を使うかという組合せの問題とみることができる．もしも最短経路だけを列挙するのであれば，経路の長さは 4 であり，その

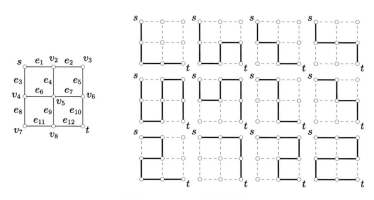

図 **1.2**　2 × 2 の問題と正解

うち 2 回は右に行く辺を選び，残りは下に行く辺を選ぶわけであるから，4 個の中から 2 個を選ぶ組合せの数となり，答は 6 通りとなる．このように，グラフの格子数を $n \times n$ とすれば，経路の総数が ${}_{2n}C_n$ で求められることは高校数学の範囲で簡単に示せる．ところが今回のおねえさんの問題は，最短経路だけではなく遠回りも許すので，この場合の答は図のように 12 通りとなる．実は，遠回りを許すとなると途端に非常に難しい問題となり，経路の総数を簡潔に表す公式や漸化式などはこれまでに見つかっていない．そのため，基本的に経路をしらみつぶしに見つけなければならないのだが，n が増えるにつれて解の個数は圧倒的な勢いで増えていき，それに従って数え上げに要する時間も増大する．

　今回のように何十桁にもおよぶ巨大数を題材とした子供向けの逸話は昔からあった（たとえば一休さんが将棋盤のマス目に米粒を 1 粒，2 粒，4 粒，8 粒…と置いてもらう話など）が，いずれも公式さえ知っていれば人手で計算できる問題ばかりであった．それに対して，おねえさんの問題は，子供にも理解できるようなシンプルな形をしているにもかかわらず，簡単な解法が知られていない問題である．それにもかかわらず，アルゴリズム的な工夫によって計算時間が 290 億年から数秒に短縮できたりするのである．このように簡単な公式の見つかっていない問題を題材とする逸話は，おそらく過去に例がない．「おねえさんの問題」は，近年の情報科学の進歩により初めて産み出されたストーリーであるといえる．

■ おねえさんの問題はどう解かれたか──二分木とその圧縮法

　さて，では実際にどのような工夫により数え上げを高速化しているのだろうか．それを説明するには，まず二分木の考え方を理解する必要がある．先に述べたとおり，おねえさんの問題は，すべての辺のうちどの辺を使うか，という組合せの問題とみることができる．$n = 2$ の場合は，辺は $e_1 \sim e_{12}$ の 12 本であり，それぞれの辺について使うか使わないかの 2 通りを選べる．図 1.3 のように，辺 e_1 を使うなら $e_1 = 1$，使わないなら $e_1 = 0$ として，各辺を使うか使わないかで場合分けしていくと，辺が一つ増えるごとに場合分けの数が 2 倍ずつ増えていくことがわかる．このようにして場合分けのグラフをつくることが，二分木の考え方である．いま，辺は 12 本あるので，最終的な場合分けの総数は $2^{12} = 4096$ 通りになり，それぞれがすべて異なる辺の組合せを表現している．その中で，以前の図 1.2 に示したような正解となる組合せが 12 通りだけあるということである．おねえさんの問題は，膨大な場合分けの二分木の中から，正しい経路を構成するような辺の組合せを探し出す問

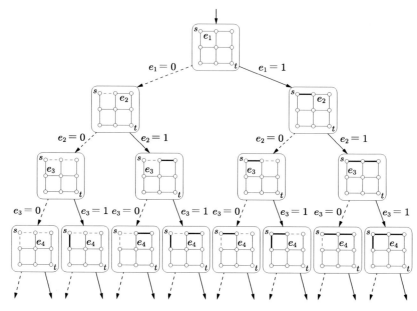

図 **1.3**　場合分けを表す二分木

題とみることができる.

　4096 通りのすべての組合せを生成してから,正しい組合せを取り出すのは,明らかに効率が悪い.しかし実際には,場合分けの途中で経路にならないことがわかれば,その時点でそれ以下の場合分けを打ち切ることができる.このようにして,二分木の選択肢を一つ選んでは下に降りて行き,行き詰ったら 1 段上に戻って別の選択肢を選ぶということを繰り返せば,必ずすべての解を生成することができる.このような試行錯誤を繰り返す方法を,一般にバックトラック法と呼ぶ.通常のバックトラック法では,解をすべて列挙するために少なくとも解の個数に比例する計算時間は必要であり,バックトラックの仕方によっては,もっと長い時間が必要となることもある.

　解の個数に比例する時間で答を求められるならば,それで十分に速いと思う人もいるかもしれない.実際,アニメーション動画では,おねえさんはこのようなアルゴリズムを使ったと仮定している.しかし,おねえさんの問題では,解の個数は猛烈な勢いで増大するため,もしもスーパーコンピュータを使って毎秒 2000 億通りの正しい経路を見つけることができたとしても,10×10 の問題では 25 万年もの時間がかかってしまい,おねえさんがロボットになってしまうことになる.

　筆者らの研究プロジェクトでは，二分木をコンパクトに圧縮した ZDD（zero-suppressed binary decision diagram: ゼロサプレス型二分決定グラフ）と呼ばれるデータ構造を用いた超高速なグラフ列挙アルゴリズムの研究開発を行っている．図1.4 に，ZDD の技法を用いて二分木を圧縮した例を示す．この図の左側のように，単純な二分木では段数が大きくなれば膨大な節点数となってしまう．しかし，人間が解こうとする問題の多くには，規則性や偏りをもつ構造が含まれているので，二分木の節点のうち，まとめてしまっても構わない節点を一つに共有したり，省略してもよい節点を読み飛ばしたりすることにより，必要な場合分けの総数を劇的に減らすことができる．おねえさんの問題は，そのような圧縮効果が顕著に現れる問題例の一つであり，290 億年が数秒に短縮できるのは，ZDD を用いることで圧縮しながら計算できるからである．本書では，ZDD およびそれに関連するアルゴリズムの技法について，基礎的事項から順を追って解説していくことにする．

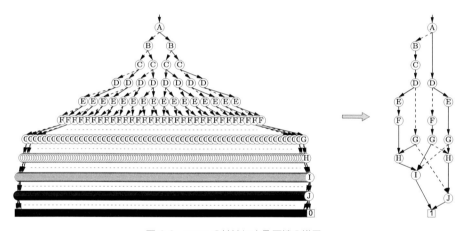

図 **1.4**　ZDD の技法による圧縮の様子

■ おねえさんの問題から広がる超高速グラフ列挙アルゴリズムの応用

　おねえさんの問題は，単なるパズル遊びだけに留まらない．グラフの経路を列挙する問題は，鉄道の乗り換え案内やカーナビゲーションシステムの問題と深く関係している．また単純な経路だけでなく，各地域に電気を分配する配電網や，ガス・水道・通信網などの社会基盤システム制御の問題にも，おねえさんの問題の解法を応用できることが，最近の研究でわかってきた．さらには，大規模システムの故障

解析や，災害時の避難所の割り当て問題，選挙区の区割りの問題など，社会的に重要な問題への幅広い応用が広がっている．本書ではこのような具体的な問題への応用についても，いくつかの例を取り上げて詳しく解説する．

　最先端のアルゴリズムの技法を，社会的・産業的な応用につなげていくためには，それぞれの応用分野の技術者に我々の研究成果を知ってもらい，共同で問題解決にあたることが望ましい．そのためのツールの一つとして，我々の研究プロジェクトでは，与えられた条件を満たすグラフの部分集合を高速に全列挙し索引化する処理系を開発し，さらにこれに Python をベースとした使いやすいインターフェースを装備したものを「Graphillion」という名前でオープンソフトウェアとして公開している[2]．以下に，Graphillion を用いて 6×6 のおねえさんの問題を記述し，経路の総数を計算した実行例を示す．

```
1 >>> from graphillion import GraphSet
2 >>> import graphillion.tutorial as tl
3 >>> GraphSet.set_universe(tl.grid(6,6))
4 >>> S, G = 1, 49
5 >>> P = GraphSet.paths(S, G)
6 >>> len(P)
7 575780564
```

　このように，極めて簡単な記述で格子グラフの経路を全列挙することができる．さらに，ただ単に数え上げるだけでなく，列挙した結果は ZDD の形でコンパクトに圧縮されて，計算機内部のメモリに索引化して格納されており，制約条件を追加して必要な解だけを取り出したり，得られた解集合に対して種々の集合演算を実行したりすることができる．本書では，必要に応じて Graphillon のコードを記載し，読者が実際に実行の様子を確かめながら読み進むことができるように配慮している．Graphillion のインストール方法と基本的な使用法は，付録 A.1 に収録している．

　おねえさんの問題は，本書執筆の時点（2015 年 1 月）で，$n = 26$ までの答が知られており，10 進数で 164 桁にもおよぶ巨大な数となる．これは筆者らの研究プロジェクトにおいて求めた結果で，現時点での世界記録である．本書ではこの問題を糸口として，超高速グラフ列挙アルゴリズムの最先端の技法と，その応用の広がりについて学んでいくことにしよう．

---

[2]. Graphillion.org サイトで公開中．チュートリアル動画は，おねえさんの動画の続編風につくられており，一部の人々には好評である．

準備—グラフに関する基礎知識

執筆担当：戸田貴久，斎藤寿樹，湊　真一

　データ構造 **ZDD** は，グラフと呼ばれる形でデータを表現するので，**ZDD** を理解するためにはグラフの基礎的な知識が必要である．また，本書では，部分グラフの列挙問題に対する**ZDD** を用いた効率的な解き方について解説するので，データ構造としてだけでなく列挙の対象としてもグラフの概念が現れる．このため，本章ではグラフに関する基礎的な用語や概念を，例を交えて平易な言葉で解説する．さらに，部分グラフの列挙問題とは何かについても述べる．

2.1　グラフ

2.1.1　グラフとは

　あなたはパーティーを主催することになった．できるだけパーティーを盛り上げるため，仲の良い人同士を近い席に割り振ろうと考えている．しかし，人数がとても多いので出席者の人間関係を一度に把握するのは難しい．どのように席を決めれば楽しいパーティになるだろうか？　出席者の人間関係を俯瞰的に眺めるために，出席者を点で描き，仲の良い人同士を線でつないでみよう．どの 2 点間にも線が結ばれている部分があれば，お互いに仲良しのグループであることがわかる．線をどのようにたどってもつながらない人同士は隣席にならないように配置した方がよいだろう．このように，点と点のつながり方を抽象的に表したものが**グラフ**(graph) である．図 2.1 のように都市を点で描き，地図上で隣接する都市の間を線で結ぶとき，都市の隣接関係を表すグラフが得られる．他にも，道路交通網，電力網，ワールドワイドウェブなど，ありとあらゆるところにグラフは現れる．「もの」同士のつなが

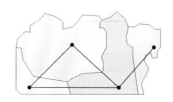

図 **2.1**　都市の隣接関係を表すグラフ

り方をモデル化するための道具がグラフである.

　グラフでは,上の例における出席者や都市のような「もの」を**頂点**(vertex) といい,頂点の集まりを**頂点集合**(vertex set) という.一方,面識のある2人や隣接した2都市のような線で結ばれる頂点の対を**辺**(edge) といい,辺の集まりを**辺集合**(edge set) という.頂点集合 V と辺集合 E を与えることによってグラフが定まるので,形式的には頂点集合と辺集合の対 (V, E) をグラフと定義する.グラフ G の頂点集合を $V(G)$,辺集合を $E(G)$ と表す.頂点 u と v を結ぶ辺があるとき,u と v は**隣接している**(adjacent) といい,u と v はその辺に**接続している**(incident) という.頂点 u に接続する辺の個数を u の**次数**(degree) という.図 2.2 に描かれているように,同一頂点を結ぶ辺を**ループ**(loop) といい,二つの頂点の間の複数の辺を**多重辺**(multiple edges) という.ループや多重辺を含まないグラフのことを**単純グラフ**(simple graph) という.

図 **2.2**　多重辺とループを含むグラフ

　ワールドワイドウェブは,ウェブページを頂点とみなし,ハイパーリンクを辺とみなすときグラフになる.ハイパーリンクは一方のページから他方のページを結ぶが,他方のページからもハイパーリンクで結ばれるとは限らない.このように隣接関係に方向性があるとき,辺を**有向辺**(directed edge, arc),グラフを**有向グラフ**(directed graph, digraph) という.有向辺は,図 2.3 のように辺を矢印で表す.一方,都市の隣接関係のように方向性がないとき,有向グラフと区別するためにグラフを**無向グラフ**(undirected graph) という.有向・無向のどちらの場合にも当てはまる議論をするとき,あえて明記せず単にグラフということもある.パーティーの例で,一方的に知っているという関係を扱うためには有向辺を導入する必要がある.このように,無向グラフと有向グラフの使い分けは,モデル化の仕方に依存して決まる.

図 **2.3**　有向グラフ

2.1.2　さまざまなタイプのグラフ

■ 部分グラフ

　人間関係を表したグラフから仲良しのグループに着目するときのように，グラフ全体ではなくグラフの一部分だけに着目したいことがある．たとえば，図 2.4 はもとのグラフから一部のグラフを抜き出したものである．このように，もとのグラフ G の一部を構成するグラフを G の**部分グラフ**(subgraph) という．より正確にいえば，G の部分グラフとは，頂点は G の頂点集合 $V(G)$ から選ばれ，辺は G の辺集合 $E(G)$ から選ばれてつくられるグラフである．

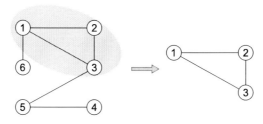

図 **2.4**　もとのグラフと部分グラフ

■ 経路と閉路

　図 2.5 は，路線図のグラフにおいて，同じ駅を 2 度以上通らないように現在の駅から目的の駅までの一つの経路を表している．無向グラフ G において頂点 s_1 から始まり目的の頂点 s_n で終わる頂点の列 $s_1, s_2, \ldots, s_n$ で，連続するすべての 2 頂点 s_i と s_{i+1}（$1 \leq i < n$）が隣接するものを，頂点 s_1 と s_n を結ぶ**経路**[1] (path) という．同じ頂点が 2 度以上現れない経路を**単純な**経路 (simple path) というが，本書ではとくに断らない限り，単に「経路」という場合は単純な経路だけを扱うことにする．経路において最初に訪れる頂点を**始点**(source)，最後に訪れる頂点を**終点**(sink) と

---

[1] 道またはパスともいう．

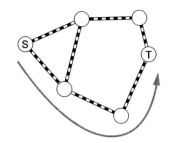

図 **2.5** 路線図と駅 S から T への経路

いう．ある経路の始点が s で終点が t であるとき，その経路を s–t 経路という．ある始点から出発し再び始点に戻る（始点と終点が同じ）経路のことを，**閉路または**
サイクル(cycle) という．閉路では，経路の場合と同様に「始点以外の頂点は 2 度以上通らない」と約束する．

■ 連結グラフ

　パーティーの例において，ある人の直接の友人，その友人の友人，……というように，友人関係の連鎖によりすべての参加者を間接的につなげることができるとしよう．グラフの用語で言い換えれば，すべての 2 頂点を経路でつなげることができるということになる．グラフがこの性質をもつとき**連結である** (connected) という．連結でないグラフのとき，つまり，どのようにしても経路でつなげることができない 2 頂点が存在するとき，**非連結なグラフ** (disconnected graph) という．図 2.6 のように，非連結なグラフは複数の連結な部分グラフに分かれる．極大な連結部分グラフ，つまり，これ以上どの頂点を追加しても非連結となる連結部分グラフのことを**連結成分**(connected component) という．

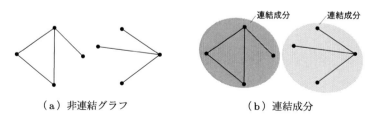

（a）非連結グラフ　　　　　　　　（b）連結成分

図 **2.6**　非連結グラフと連結成分

■ 木

　自然界に生えている木は，幹から複数の枝が分岐し，枝からはさらに小さい枝が分岐する．いったん分岐したらその先で合流することはない．これと同じ形状をもつ連結グラフを**木**(tree) という．図 2.7 のように，もしある頂点から分岐した経路が合流するならば，閉路が形成されることに注意されたい．したがって，経路が合流しないという条件は，グラフに閉路が存在しないことを意味する．形式的には，木は閉路を含まない連結無向グラフと定義する．本書では，木の頂点のことをとくに**節点**(node) といい，木の辺のことをとくに**枝**(branch) という．非連結なグラフが閉路を含まないとき，各連結成分は木である．グラフ全体は複数の木からなるので，これを**森**(forest) という．与えられたグラフ G の部分グラフ G' が木であり，G のすべての頂点を含むとき（すなわち，$V(G) = V(G')$ のとき），G' を G の**全域木**(spanning tree) という．同様に，グラフ G のすべての頂点を含む森を，G の**全域森**(spanning forest) という．

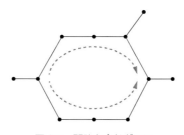

図 **2.7**　閉路を含むグラフ

　図 2.8 のように，木の一つの節点を固定し，この節点に隣接する節点から順に下方に描く．固定した節点を**根**(root) といい，この木を**根付き木**(rooted tree) という．根以外の節点 v は，根から下に向かって v にたどり着く経路がある．木には閉路がないので，そのような経路はただ一つに定まる．根付き木を家系図に見立てて，根から v までの経路上に現れる節点を v の**祖先**(ancestor) といい，とくに v のすぐ上の節点を**親**(parent) という．v より下に節点がないとき，v を**葉**(leaf) という．v が葉でないときは，v から下方に伸びる経路が一つ以上ある．この経路上の節点を v の**子孫**(descendant) といい，とくに v のすぐ下の節点を v の**子**(child) という．v の子は 1 人だけのこともあるが，一般に複数存在する．葉以外の各節点が 1 人あるいは 2 人の子をもつ木のことを**二分木**(binary tree) という．

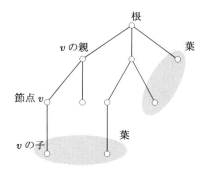

図 2.8 根付き木

■ 非巡回有向グラフ

　無向グラフにおいて，経路および閉路を定義したが，有向グラフでも同様の概念を定義できる．有向グラフにおいて，頂点 s_1 から s_n までの頂点の列 $s_1, \ldots, s_n$ で連続するすべての 2 頂点 s_i と $s_{i+1}(1 \le i < n)$ で s_i から s_{i+1} への有向辺があるとき，その頂点列を**有向経路**という．有向経路において，始点と終点が同じ経路のことを**有向閉路**と呼ぶ．有向グラフ G が有向閉路を含まないとき，G を**非巡回有向グラフ** (DAG: directed acyclic graph) という．次の章で導入される ZDD は，非巡回有向グラフの例である．

■ 完全グラフ

　すべての 2 節点が辺で結ばれている無向グラフを**完全グラフ**(complete graph) という．パーティーの例において全員が知り合い同士のとき，人間関係のグラフは完全グラフになる．一方，全員知り合いとは限らないとき，たとえば，大学の友人のグループ，会社の同僚のグループなどのように，知り合いだけからなる複数のグループができるだろう．このようなグループは，部分グラフとしてみると（すなわち，そのグループだけ抜き出してみると）完全グラフになっている．これを**クリーク**(clique)

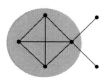

（ａ）完全グラフ　　　　（ｂ）クリーク

図 2.9 完全グラフとクリーク

という. すなわち, グラフ G の頂点の集まり $K \subseteq V(G)$ で, K のどの 2 頂点も辺で結ばれているとき, K を G のクリークという. クリークは, 密接な関係にある部分構造を特徴づけるのに有効な概念である.

■ 格子グラフ

地図の上で交差点をグラフの頂点とし, 隣り合う交差点の対を無向辺とするとき, 道路網を表すグラフが得られる. とくに図 2.10 のように碁盤の目状に道路が配置されているとき, このグラフを**格子グラフ**または**グリッドグラフ**(grid graph) といい, 盤面の目で区切られた区画が縦 n 個, 横 m 個あるとき $n \times m$ 格子グラフという.

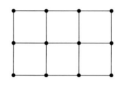

図 **2.10** 格子グラフ

2.2 グラフの列挙

2.2.1 列挙問題とは

列挙問題(enumeration problem) とは, 与えられた条件を満たす対象 (解) をすべて求める問題である. たとえば, あるキーワードを含むすべてのファイルを検索することは列挙問題の例である. むやみやたらな方法で解を探索すると, 解を発見し損なったり, 以前に発見した解にもかかわらず, 新たに発見したと勘違いして重複して出力してしまったりする. 列挙問題を正しく解くためには, 漏れなく重複なくすべての解を探索する方法を考える必要がある[1].

2.2.2 部分グラフの列挙

列挙問題で扱う対象は多岐にわたるが, 本節では部分グラフの列挙に焦点を当て解説する.

部分グラフの列挙(subgraph enumeration) とは, グラフが与えられ, 指定された条件を満たす部分グラフをすべて出力する問題である. たとえば, 現在の駅から目的の駅まで電車で移動できるすべての経路を求めることは, グラフの指定された 2 頂点を結ぶ経路を列挙することに対応する. 他にも, 家庭に電力を供給する配電網

では，最寄りの変電所から各家庭への供給路は途中で合流しない．これは変電所を根とする木であることを意味する．したがって，可能な配電網を求めることは，グラフの根付き全域木を列挙することに対応する．複数の変電所の下での可能な配電網を求めることは，各変電所を根とする木の集まり，すなわち森を列挙することに対応する．

クリークは密接な関係にある部分構造を特徴づけるので，Webグラフのコミュニティを発見する目的でクリークの列挙が行われる．ここでは詳細にふれないが，この他にもマッチング，安定集合，頂点被覆などといったグラフの特徴的な頂点の集合や辺の集合の列挙が考えられる．

2.2.3　列挙法

あらゆる列挙問題を扱うことができる汎用的な計算技法はないが，多くの列挙問題に適用できる計算技法が知られている．最も基本的な方法は，第1章でも述べたとおり，単純に試行錯誤を繰り返すバックトラック法である[2]．たとえば，おねえさんの問題の場合は，辺を一つずつ伸ばしていって，行き詰ったら1段戻って別の方向へ伸ばす，という操作を繰り返せば，いずれはすべての経路を列挙できる．

問題の規模や性質によっては，解の個数に比べて手戻りの回数が圧倒的に多くなってしまい，時間がかかりすぎる場合がある．そのような問題に対しては，無駄な手戻りの回数をなるべく減らすためのさまざまな技法がこれまで研究されてきた．「逆探索法」と呼ばれている技法もその一つである[3]．この技法では，問題の性質をうまく利用して，列挙すべき解同士の間にある種の親子関係を定義し，その親子関係に基づいて，無駄な試行錯誤をすることなく正しい解だけを効率よく探索している．

これまでの伝統的な列挙アルゴリズムの研究分野では，無駄な試行錯誤をいかに減らすかが最大の関心事であって，解の個数に比例する計算時間で列挙（定数時間で1個の解を出力）することができれば，それが最適なアルゴリズムとされてきた．しかし，そもそも解の個数が膨大になるときには，解の個数に比例する計算時間のアルゴリズムであっても，現実的な時間内にすべてを列挙し終えることは困難になる．そのような場合には，「一つの解を発見したらそれを出力し次の解の探索に移る」という処理を繰り返す方法では大きな改善の見込みはなく，複数の解をまとめて列挙しそれらを圧縮して出力する技法が不可欠となる．次の章では，多数の部分グラフを圧縮して表現するZDDと呼ばれるデータ構造について述べる．

□ 第 2 章の関連図書・参考文献

[1] 宇野毅明. 効率的な列挙アルゴリズムの構築と利用 (1). 人工知能学会誌, 18 巻 3 号, 2003.

[2] 宇野毅明. 効率的な列挙アルゴリズムの構築と利用 (2). 人工知能学会誌, 18 巻 4 号, 2003.

[3] 宇野毅明. 効率的な列挙アルゴリズムの構築と利用 (3). 人工知能学会誌, 18 巻 5 号, 2003.

第3章

ZDD: 「組合せ集合」を表すデータ構造

執筆担当：湊 真一

第1章で示した「おねえさんの問題」で，290億年が数秒に短縮されたのは，ZDDと呼ばれるデータ構造を用いることにより，場合分けの二分木を圧縮しながら計算できたからである．この章では，「組合せ集合」を効率よく処理するために開発されたZDDについて述べる．なお，実装技術を含むより詳細な内容については，本書の後半（第10章）で解説する．

3.1 ZDD（ゼロサプレス型二分決定グラフ）

我々の日常の暮らしの中で，複数個のアイテムからいくつかのアイテムの組合せを選び出したい，という問題に出会うことがしばしばある．そのような問題は一般に**組合せ問題** (combinatorial problem) と呼ばれる．組合せ問題を解く際に，条件を満たすアイテムの組合せをいくつも列挙できると都合が良い場合がある．そうして列挙した組合せの中から上位何件かを取り出したいという場合もあるだろうし，与えられた制約を満たす組合せが何通りあるか数え上げたいという場合もあるだろう．そのような多数の組合せを集めた集合のことを**組合せ集合** (set of combinations) と呼ぶことにする．

より形式的に書くと，組合せ集合とは「n個のアイテムから任意個を選ぶ組合せ」を要素とする集合である．n個のアイテムから任意個を選ぶ組合せは2^n通り存在するので，組合せ集合としては2^{2^n}通りの集め方がある．たとえば，a, b, c, d, eという五つのアイテムに関する組合せは32通り存在するので，その組合せ集合は$2^{32} = 4,294,967,296$通りもつくれる．$\{ab, e\}$, $\{abc, cde, bd, acde, e\}$, $\{\lambda, cd\}$, $\emptyset$は，いずれも組合せ集合の一例である（ここでは "λ" は空の組合せ要素を表し，"$\emptyset$" は空の集合を表す）．

組合せ集合の簡単な使用例を示そう．あるスーパーマーケットの売り場にa, b, cの3種類の商品が置いてあったとする．1人目のお客さんが商品aとbを，2人目のお客さんがaとcを，3人目のお客さんはcだけを選んで購入した．今日1日でその3人のお客さんが来たとすると，その日の購入パタンを表す組合せ集合は$\{ab, ac, c\}$となる．もしも組合せ集合に空文字λが含まれていた場合は，この売り場の商品に

手をつけずに帰ったお客さんがいたことを意味する．組合せ集合が空集合 $\emptyset$ だった場合は，今日この店にお客さんが 1 人も来なかったことを意味する．

組合せ集合は，組合せ問題の解集合を表現する基本的・汎用的なデータ構造であり，実問題においては，スイッチの ON/OFF の組合せ，顧客データベース，Web のリンクの表現，システム故障要因の表現等，さまざまな局面で現れる．

ZDD（zero-suppressed binary decision diagram: ゼロサプレス型二分決定グラフ）は，図 3.1(a) に示すような組合せ集合データの非巡回有向グラフ (DAG: directed acyclic graph) による表現で，筆者（湊）が 1993 年に考案・命名したデータ構造である．これは，図 3.1(b) の**場合分け二分木** (binary decision tree) を圧縮することにより得られる．ここでいう場合分け二分木は，根から葉に向かう有向辺で枝を表した二分木であって，分岐する各節点にアイテム名を表すラベルが割り当てられており，0 と 1 のラベルが付与された 2 本の枝が分岐している．そして葉には 0 または 1 の値が記入されている．以降では，0 のラベルをもつ枝（ラベルを省略して破線で示すこともある）を **0-枝** (0-branch)，1 のラベルをもつ枝（実線で示す）を **1-枝** (1-branch) と呼ぶことにする．

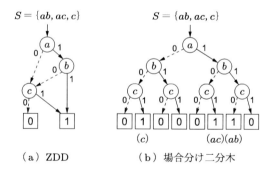

（a）ZDD　　　　（b）場合分け二分木

図 **3.1**　ZDD と場合分け二分木

この場合分け二分木では，1-枝と 0-枝はその節点のアイテムを選ぶかどうかの場合分けを表し，葉の値 (1/0) はその葉に対応する組合せが集合に属するかどうかを示している．たとえば図 3.1(b) において，二分木の根から $a=1$，$b=1$，$c=0$ を選んで降りていって到達できる葉は組合せ ab に，$a=1$，$b=0$，$c=1$ を選んで到達できる葉は組合せ ac に，$a=0$，$b=0$，$c=1$ を選んで到達できる葉は組合せ c に対応している．この 3 通りの葉が 1 の値をもっているので，それらが集合に属する組合せであることがわかる．このようにして，場合分け二分木は，ある一つの組

合せ集合を表現していると解釈することができる.

　次に，場合分け二分木から ZDD を得るための圧縮規則を説明しよう．まず場合分けするアイテムの順序を，二分木のすべての経路において同じ順序に固定することとする．図 3.1 の例では，上から a, b, c の順序に固定されている．そして次の二つの規則を可能な限り適用する．

（a）**冗長節点の削除**　1-枝が 0 の値をもつ葉を指している場合に，この節点を取り除き，0-枝の行き先に直結させる（図 3.2（a））.

（b）**等価節点の共有**　等価な節点（アイテム名が同じで，0-枝同士，1-枝同士の行き先が同じ）を共有する（図 3.2（b））.

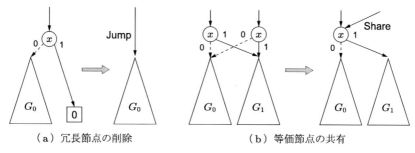

（a）冗長節点の削除　　　　　（b）等価節点の共有

図 **3.2**　ZDD の圧縮規則

　図 3.3 で冗長節点を削除する様子を説明する．図 3.3 左の場合分け二分木にはアイテム c をもつ節点が 4 個あるが，そのうちの 2 個は 1-枝が 0 の値をもつ葉を指しているので削除することができる．その結果，アイテム b の節点の 1-枝が，削除された節点の 0-枝の行き先だったところを直接指すようになる（図 3.3 中央）．さらにアイテム b の節点の一つは，1-枝が 0 の葉を指すことになるので新たに冗長節点となり，これも削除することができる．このようにして図 3.3 右のグラフが最終的に得られる．

　次に，図 3.4 で等価節点を共有する様子を説明する．冗長節点の削除が終わった図 3.4 左のグラフにおいて，葉は 0 と 1 の 2 種類しかないので，等価なものを共有して 2 個にまとめることができる（図 3.4 中央）．その結果，アイテム c をもつ二つの節点は，0-枝と 1-枝の行き先がそれぞれ共有されて同じ行き先になっているので，等価であることがわかる．これらを共有した結果が図 3.4 右のグラフとなる．この例ではこれ以上の共有はできないので，これが最終形となる.

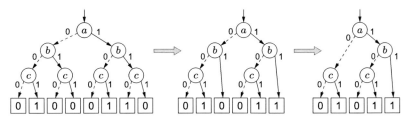

図 **3.3** 冗長節点の削除の様子

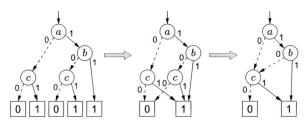

図 **3.4** 等価節点の共有の様子

　上記二つの圧縮規則を適用して節点を削減していくと，最終的にこれ以上小さく
ならない既約な形が得られる．この既約形は，圧縮規則をどの節点から順に適用す
るかに関係なく，同じ組合せ集合であれば必ず同じ形になることが知られている．
これは ZDD というデータ構造がもつ最も重要な性質の一つである．本書では，単
に ZDD というときは，このような既約な ZDD のことを指すものとする．以降で
は，ZDD 節点のうち子をもたない節点を**終端節点** (terminal node) と呼び，それ以
外の節点を**分岐節点** (branch node) と呼ぶ．さらに，0 の値をもつ終端節点を **0-終
端節点** (0-terminal node)，1 の値をもつ終端節点を **1-終端節点** (1-terminal node)
と呼ぶことにする．もとの場合分け二分木の根に対応する節点を，ZDD の**根節点**
(root node) と呼ぶ．圧縮の結果，分岐節点がなくなって終端節点がそのまま根節
点になってしまう場合もある．

　ところで，ZDD の二つの圧縮規則のうち，等価節点の共有についてはその有効性
が容易に理解できると思うが，冗長節点の削除の方は，なぜそのような規則を用い
るのか不思議に思う人も多いのではないだろうか．このような一見して不自然にも
思われる左右非対称な圧縮規則を用いる理由を考えてみよう．たとえば，この組合
せ集合がスーパーマーケットの顧客データベースの一種で，ある 1 日のお客さんの
商品購入パタンを列挙しているとする．そうすると，図 3.2(a) の入力変数 x という
のは，ある特定の商品，たとえば牛乳を表している．1-枝の先は牛乳を含む商品購

入パタンの集合を表し，0-枝の先は牛乳を含まない購入パタンの集合を表すことになる．ここで，もしも 1-枝の先が 0-終端節点，すなわち空集合を指していたとすると，この日，牛乳を購入した人は誰もいなかったということであり，すなわち，この店で牛乳を売っていなかったとしても結果は変わらなかったということになる．したがって，この節点を削除して，牛乳以外の商品購入パタンを考えよう，というのが ZDD の節点削除規則の考え方である．このように考えると，不自然そうにみえた ZDD の削除規則が，実は極めて自然な規則であることが理解できるであろう．ちなみに，ZDD の「ゼロサプレス」(zero-suppress) とは，電卓などで数値を表示する際に，上位桁に 0 が並ぶときにそれを省略して表示すること（例：00000135 → 135）を意味する言葉である．つまり，省略して読み飛ばしたところはゼロと解釈する，という意味が込められている．

　ZDD の記憶量は，表現する組合せ集合データの複雑さに依存し，最悪の場合はアイテムの種類数に対して指数関数的なサイズとなるが，およそ人間が扱うような組合せ集合に対しては，多くの場合，コンパクトに圧縮されたグラフになる．それに加えて，ZDD には組合せ集合を一意に表せるという大きな特長がある．組合せの性質にもよるが，数十から数百種類ものアイテムから選んだ組合せを要素とする集合を，汎用 PC のメモリ容量（数 GB 程度）の範囲で現実的に表現することができる．

　一般に，組合せ集合の中に部分的に類似した組合せが多数含まれる場合，等価な節点が多く出現し，それらが互いに共有されて，コンパクトに圧縮された表現となる．さらに ZDD の冗長節点の削除規則によって，組合せ集合に無関係な（一度も出現しない）アイテムに関する節点が自動的に削除されることになる．この削除規則は，とくに疎 (sparse) な組合せの集合に対して顕著な効果がある．先に述べたスーパーマーケットの応用例では，陳列商品の総数は数百〜数千点あるのに対して，1 人の顧客が 1 度に購入するアイテム数は高々数点〜数十点であり，平均出現頻度は極めて小さい．このような場合，ZDD による圧縮効果は非常に大きくなる．

　この他にも ZDD はいくつかの美しい性質をもつ．まず，ZDD の根節点から 1-終端節点に至る経路の数が，集合に含まれる組合せの数と完全に一致する．これは図 3.3 や図 3.4 をみれば，圧縮規則によって経路の数が変わらないことが確認できるであろう．さらに ZDD 表現では，節点共有によるデータ圧縮が全く効かない場合，すなわち運悪く等価な節点が存在せず共有が全く行われない場合でも，図 3.5 のような形になり，すべての組合せを明示的に列挙表現したときの文字数の総和を超えないという好ましい性質がある．つまり，最悪の場合でも，愚直に解を羅列して列挙

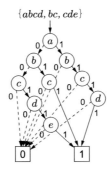

図 **3.5**　節点共有ができない場合の ZDD

したのと大差はなく，もしも節点共有ができれば，その分だけ記憶量を節約できるということになる．

　では，次に実際に ZDD をつくるにはどうすればよいのかについてみていこう．

3.2　ZDD の生成方法

　ある組合せ集合を表す ZDD を計算機上で生成する場合に，上記で述べたように場合分け二分木をまず構築してから圧縮規則を順に適用していく方法では，場合分け二分木のサイズがアイテムの種類数に対して常に指数サイズになってしまう．たとえば，アイテムが 30 種類あれば，場合分け二分木の節点数は約 10 億個に達し，その時点で計算時間やメモリを大きく消費してしまい，ZDD を生成するところまでたどり着けなくなる可能性が高い．しかし，第 1 章で示したようなグラフの問題では，辺の本数が 30 本程度で，制約条件を満たす解が数百通り存在する，というような例はよくみられることであり，その程度の問題が解けないようでは困る．

　この問題を解決する方法として，ZDD 同士の集合演算に基づく ZDD 生成方法がある．図 3.6 に概念図を示す．二つの既約な ZDD F, G を入力とし，F と G の間の集合演算，たとえば，交わり (intersection)，結び (union)，差集合 (set difference) などを行い，その結果を表す既約な ZDD H を直接生成するアルゴリズムが知られている．このような集合演算を多段階に実行することにより，任意の組合せ集合を表す ZDD を構築することができる．集合演算アルゴリズムの実装については第 10 章でより詳しく述べるが，このアルゴリズムは，入力として与えられた ZDD F, G の節点数，および出力される ZDD H の節点数の総和にほぼ比例する計算時間で実行できるという大きな特長をもっている．そのため，それぞれの ZDD がよく圧縮

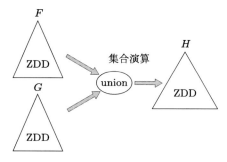

図 **3.6** ZDD 同士の集合演算の概念図

されている場合には，圧縮された分だけ高速に集合演算を実行できる．前節で述べたとおり，ZDD の節点数は，集合に属する組合せを羅列して列挙したときの文字数の総和を超えることはないので，扱う組合せの個数が指数的に大きくならない限りは，愚直に場合分け二分木をつくるのに比べてはるかに高速に ZDD を生成できることになる．

図 3.7 に，集合演算を繰り返して ZDD を構築する例を示す．この例では，組合せ集合の各要素に新しいアイテムを追加する change 演算と，集合和を表す union 演算を用いて，ZDD を徐々に成長させていき，さまざまな組合せ集合を表す ZDD を生成する様子を示している．

なお，アイテム数に対して指数的な個数の組合せを生成するような集合演算を実行する場合には注意が必要である．ZDD による圧縮が非常にうまく機能すれば一瞬

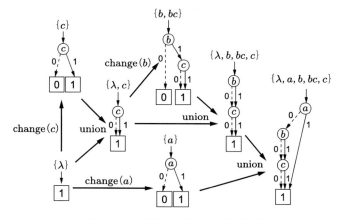

図 **3.7** 集合演算による ZDD 生成の例

で完了するかもしれないが，最悪の場合，ZDDのサイズが指数的に増大して，計算機のメモリあふれを起こしてしまったり，何十日待ってもいつ計算が終わるかもわからない，ということになりかねない．このような場合，計算を実行する前にZDDの圧縮度を見積もることは一般に困難であり，解けるかどうかやってみないとわからない，というタイプのプログラムになってしまうことが多い．

　ここで述べたZDD生成方法は，ZDD同士の集合演算を繰り返して，いくつかの中間的なZDDを経由しながら，徐々に複雑なZDDを構築していく方法であって，いわばボトムアップな生成方法といえる．一方，もう一つの方法として，与えられたグラフの制約条件を満たす解集合を表すZDDを，直接にトップダウンに構築する「フロンティア法」と呼ばれるアルゴリズムが最近注目されている．「おねえさんの問題」も，このようなアプローチが有効な問題の一つである．フロンティア法については第4章で解説する．

3.3　ZDDによる列挙と索引化

　前節ではZDDの生成法について述べたが，ZDDを生成した後に何ができるのかを考えてみよう．ZDDが集合として保持している組合せをすべて列挙して出力することはそれほど難しくない．根節点から深さ優先順にグラフをバックトラックしてたどっていき，1-終端節点に到達するたびに，そのときの経路上での1-枝に対応する変数の組合せを出力すればよい．この処理は，小規模な例題で答の正しさを確かめるときには便利であるが，膨大な個数の組合せをもつ大規模な例題では時間がかかり過ぎる．そもそも，圧縮したままでさまざまな処理を高速に実行できるところがZDDの特長なのに，ただ愚直に出力したのでは，ZDDで圧縮した意味がない．では，ZDDの真価を発揮できる処理というのは，いったい何があるのだろうか．

　まず，最も基本的な処理として，組合せ集合に含まれる組合せの個数を数え上げることを考えよう．これは，ZDDの根節点から1-終端節点に至る経路数を数え上げればよい．これは以下に説明する方法により，経路数ではなく，ZDDの節点数に比例するステップ数で計算できる（ZDDがよく圧縮されている場合，節点数は経路数よりもはるかに小さいことが多い）．

　ZDDのある一つの節点を始点として1-終端節点に至る経路数は，その節点の0-枝を通る経路数と1-枝を通る経路数を足し合わせたものである．つまり，二つの子節点を始点とする経路数があらかじめわかっていれば，足し算1回で求められる．ZDDの下位の分岐節点から順番に，各節点を始点とする1-終端節点までの経路数

を求めてメモしておけば，同じ節点について2度足し算する必要はないので，ZDD節点数に比例する回数の足し算で全体の経路数が求められる[1]．ZDDが計算機のメモリ容量の範囲で生成できさえすれば，経路数がたとえ100桁にもなるような巨大数であっても，ZDDを生成する時間に比べればほとんど無視できる程度の時間で，1の位まで正確に数え上げることができる．

ZDDは，組合せ集合を辞書順に並べて索引化したデータベースとみることもできる．各分岐節点では，最上位のアイテムを含むかどうかで組合せを二つの部分集合に分類し，1-枝と0-枝でそれらを参照している．したがって，ある組合せがデータベースに含まれるかどうかを調べる（メンバシップと呼ばれる問い合わせ）には，根節点から順に，アイテムの有無に合わせて1-枝または0-枝をたどっていって，最終的に1-終端節点に到達するかどうかを答えればよいので，最大でもZDDの高さ（アイテムの種類数）に比例する時間で判定できる．なお，グラフをたどる途中で，対応するアイテムが節点削除規則で飛び越されていた場合は，そのアイテムを含む組合せは存在しないことが即座にわかる．

個数の数え上げができるというZDDの性質を使うと，ある組合せがデータベースに含まれるかどうかをただ答えるだけではなく，データベースに登録されているすべての組合せを辞書順に並べたときに，その何番目に入っているかということにも簡単に答えることができる．先に述べたように，ZDDに含まれる組合せの個数の数え上げを1回実行すると，ZDDの各分岐節点を始点として1-終端節点に至る経路数がすべてメモされている．これは，ZDDを根節点から順にたどって分類していくときに，辞書順で前にある組合せが何個あり，後にある組合せが何個あるかがメモされていることに他ならない．この情報を使うことにより，いま探索している部分集合が，辞書順で何番目から何番目までの範囲を探索しているかを知ることができ，最終的に1-終端節点に到達したときに，何番目にあるかを答えることができる．

この機能を逆に使うと，辞書順でk番目に登録されている組合せを探し出して出力するという処理も簡単にできる．0-枝と1-枝の先の組合せの個数をそれぞれ調べて，k番目の組合せが含まれている方に降りていけばよい．後戻りすることはなく，最大でもアイテムの種類数に比例する時間で，対応する組合せを見つけられる．

辞書順でk番目の組合せを簡単に探し出せるということは，kをランダムに発生

---

[1]. より厳密にいうと，経路数が巨大な数になる場合には，1回の足し算で数値の桁数にほぼ比例する時間がかかる．

させれば，データベースからランダムにサンプルを取り出せるということである．
たとえば，「おねえさん」が290億年もかかるような想像を絶する膨大な個数の組合
せを，ZDDで圧縮して索引化しておいて，その中から完全に偏りなく一様の確率で
ランダムにサンプリングするということが可能になる．

　ここまでは，ZDDの各分岐節点において「その節点を根節点とするZDDが保持
する組合せの個数」をメモするという技法を用いてできることを述べた．実は他に
も各節点にさまざまな情報をメモすることによって，さまざまな解析処理を高速に
実行できることが知られている．たとえば，

- ZDDが表す組合せ集合の中で，組合せを構成するアイテムの個数が最大となる
  組合せを探したい．

という処理は，おねえさんの問題でいえば，最長経路の解を求めることに相当する．
これは各節点において，「その節点を根節点とするZDDが保持する組合せのアイテ
ム個数の最大値」をメモしておけばよい．0-枝側の最大値と，（1-枝側の最大値＋1）
の大きい方が，全体の最大値となる．そして根節点からスタートして，この値が小
さくない方を選んで降りていけば，後戻りすることなくアイテム個数が最大の組合
せを見つけることができる．

　最大値だけでなく，最小値や平均値（期待値）も同様の方法で計算することがで
きる．また単純なアイテム個数だけでなく，アイテムごとに重みがついた線形和の
最大・最小・平均値も同様の方法で求められる．これは，おねえさんの問題でいえ
ば，格子グラフの各辺に距離（または所要時間）が指定されている問題にも対応で
きるということである．

　このように，ZDDを生成するということは，単に組合せを列挙して羅列したとい
うことだけではなく，膨大な組合せをコンパクトに圧縮して，多様な解析ができる
ように分類し索引化したデータベースを構築する技法であるといえる．次の第2部
では，この技法を実際にグラフ列挙の問題に適用する方法についてみていくことに
しよう．

第2部

グラフ列挙アルゴリズム と その応用

第4章では，ZDD を用いた超高速グラフ列挙アルゴリズムの動作について述べ，続く第5〜8章では，現実のさまざまな問題を題材として，超高速グラフ列挙アルゴリズムの適用例を解説する．オープンソフトウェア「Graphillion」のコードを示すことにより，読者が動作を確かめながら読み進められるように配慮している．

ZDD を用いた
グラフ列挙アルゴリズム

執筆担当：川原　純

　本章では，グラフ列挙のアルゴリズムについて述べる．最初に **Graphillion** を用いて $s-t$ 経路を列挙するサンプルコードを示し，その後で **Graphillion** の内部で使われているグラフ列挙アルゴリズムの詳細を述べる．

4.1　グラフ列挙

　第 1 章で紹介した「おねえさんの問題」を，第 3 章の ZDD を用いて解いてみよう．第 2 章で学んだグラフ理論の用語でいうと，おねえさんの問題は，グラフとグラフ上の 2 点 s, t が与えられたとき，s から t までの経路，すなわち $s-t$ 経路をすべて列挙する（数を数える）問題であるといえる．

　$s-t$ 経路以外にも，全域木やマッチングなど，さまざまな部分グラフを列挙する問題が考えられる．図 4.1 は 2×2 の格子グラフ上の全域木の例である．2×2 格子グラフ上の全域木は全部で 192 通りある．全域木の列挙には，第 6 章で紹介するような応用例がある．

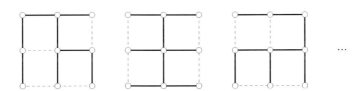

図 **4.1**　2×2 格子グラフ上の全域木の例

　与えられたグラフのことを**全体グラフ**(universe)，$s-t$ 経路や全域木など列挙するグラフを**部分グラフ**と呼んで区別する．また，$s-t$ 経路や全域木など，列挙する部分グラフの種類を列挙対象と呼ぶ．おねえさんの問題では，全体グラフは $l \times l$ 格子グラフ，列挙対象は $s-t$ 経路であるといい，1 本 1 本の $s-t$ 経路を部分グラフと呼ぶ．全体グラフの頂点の数は n，辺の数は m とし，頂点を $v_1, \ldots, v_n$，辺を $e_1, \ldots, e_m$ とする．説明を簡単にするため，全体グラフは向き無しで単純グラフであると仮定する．

一つの s–t 経路は，辺をいくつか指定することで定めることができる．たとえば，図 4.2（a）で与えられる全体グラフ G_1 の s–t 経路は全部で 4 本あるが，図 4.2（b）の左上の経路は，辺の組合せ e_1e_4 として表すことができる．G_1 上のすべての s–t 経路の集合は辺の組合せの集合で $\{e_1e_4,\ e_1e_3e_5,\ e_2e_5,\ e_2e_3e_4\}$ と表現できる．第 3 章で学んだように，組合せの集合は，ZDD を用いて圧縮された状態で表せる．したがって，全体グラフ上のすべての s–t 経路の集合は一つの ZDD によって表現できる（図 4.2（c））．

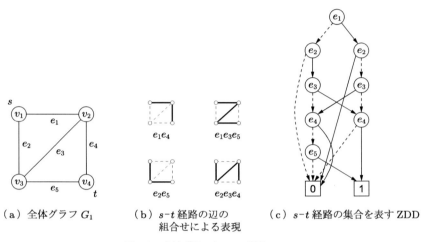

（a）全体グラフ G_1 （b）s–t 経路の辺の組合せによる表現 （c）s–t 経路の集合を表す ZDD

図 **4.2** 全体グラフと s–t 経路，ZDD

全体グラフ（と s と t）が与えられたとき，全体グラフ上のすべての s–t 経路を表す ZDD が得られれば，すべての s–t 経路を列挙するのは，3.3 節で述べた方法によって行える．以下では，すべての s–t 経路を表す ZDD を構築する方法について議論する．

s–t 経路に限らず，さまざまな列挙対象について，部分グラフの集合を ZDD として表すことができる．その手法が**フロンティア法**であり，それを簡単に行えるライブラリが Graphillion である．最初に Graphillion を用いた部分グラフの列挙の様子をみた後，Graphillion の内部で用いられているフロンティア法について解説する．

4.2 Graphillion による部分グラフ列挙

フロンティア法の解説の前に，Graphillion ライブラリを用いて実現できる機能

の例を簡単に紹介する．紙面の都合上，小さなグラフ（2 × 2 格子グラフ）での例を示すが，もっと大きなグラフに対しても実行可能である．Graphillion の詳細な使い方は付録 A でも解説されている．

Python インタプリタを起動し，Graphillion モジュールをインポートする．

```
1 >>> from graphillion import GraphSet
                                    # Graphillion モジュールをインポート
2 >>> import graphillion.tutorial as tl
```

2 × 2 格子グラフを全体グラフ (universe) に設定する．出力結果を図 4.3（a）に示す．

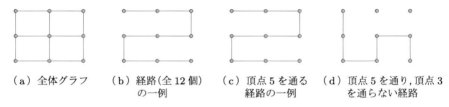

（a）全体グラフ　　（b）経路（全 12 個）　（c）頂点 5 を通る　（d）頂点 5 を通り，頂点 3
　　　　　　　　　　　の一例　　　　　　　経路の一例　　　　　を通らない経路

図 **4.3**　Graphillion の実行結果

```
1 >>> universe = tl.grid(2, 2)                    # 2 × 2 格子グラフ
2 >>> GraphSet.set_universe(universe)
                              # 2 × 2 格子グラフを全体グラフに設定する
3 >>> print universe              # 全体グラフを辺の集合として出力する
4 [(1, 2), (1, 4), (2, 3), (2, 5), (3, 6), (4, 5), (4, 7), (5, 8),
5 (5, 6), (6, 9), (7, 8), (8, 9)]
6 >>> tl.draw(universe)                            # 全体グラフを描画する
```

経路の始点と終点を指定して，経路集合を表す ZDD を構築する．

```
1 >>> start = 1                                     # 経路の始点
2 >>> goal = 9                                      # 経路の終点
3 >>> paths = GraphSet.paths(start, goal)    # フロンティア法で ZDD を構築
4 >>> print len(paths)                             # 経路の個数を出力する
5 12
```

構築した ZDD から，全経路を列挙する（図 4.3（b））．

```
1  >>> for path in paths:
2  ...     tl.draw(path)                          # 経路を 1 本ずつ描画する
3  # (ウィンドウが 12 回表示されるので注意)
```

短い順に経路を列挙することも可能である.

```
1  >>> for path in paths.min_iter():
2  ...     print path                             # 経路を 1 本ずつ出力する
3  ...
4  [(1, 4), (4, 7), (7, 8), (8, 9)]
5  # (中略)
6  [(1, 2), (2, 3), (3, 6), (4, 5), (4, 7), (5, 6), (7, 8), (8, 9)]
```

構築した ZDD から,頂点 5 を通る経路のみを取り出す (図 4.3 (c)).さらに,その中から頂点 3 を通らない経路のみを取り出す (図 4.3 (d)).

```
1  >>> paths2 = paths.including(5)        # 頂点 5 を通る経路のみを取り出す
2  >>> path_r = paths2.choice()     # その中からランダムに経路を 1 本選択する
3  >>> tl.draw(path_r)                                    # それを描画する
4  >>> paths3 = paths2.excluding(3)     # 頂点 3 を通らない経路のみを取り出す
5  >>> tl.draw(paths3.max_iter().next())   # その中で最も長い経路を 1 本描画
```

経路だけでなく,全域木を表す ZDD の構築も可能である.

```
1  # フロンティア法で全域木を構築 (is_spanning=True で全域の条件を付加)
2  >>> spanning_trees = GraphSet.trees(is_spanning=True)
3  >>> print len(spanning_trees)               # 全域木の個数 (192) を出力
4  192
```

Graphillion の応用例は,第 5 章から第 8 章で紹介する.

4.3 $s-t$ 経路集合を表す ZDD の構築アルゴリズム

本章の残りでは,フロンティア法の詳細について述べるが,Graphillion を使用するだけなら詳細は読まずに第 5 章までスキップしてもよい.

Knuth 著の書籍 "The Art of Computer Programming" の 4A 巻[2],7.1.4 節の練習問題 225 の解答に,$s-t$ 経路集合を表す ZDD を構築するアルゴリズムが掲載されている.Knuth のアルゴリズムを,$s-t$ 経路だけでなく,全域木やマッチング

等，さまざまな列挙対象に拡張したアルゴリズムが，本章で紹介するフロンティア法である．後でさまざまな列挙対象を扱うために，Knuth のアルゴリズムを少し変更したアルゴリズムをここで紹介しよう（これを「s–t 経路に対するフロンティア法」，または単に「フロンティア法」と呼ぶ）．

　s–t 経路はどのような性質を満たす部分グラフであるか考えよう．あるグラフ上のある s–t 経路を P とする．頂点 s，t は始点，終点であるので，s や t には P の辺はそれぞれちょうど 1 本しか接続してはいけない．したがって，s と t の（P における）次数は 1 である．また，P の中間にある頂点の次数は 2 であり，P に含まれない頂点の次数は 0 である．逆に，条件「s と t の次数は 1，それ以外の頂点の次数は 0 または 2」を満たす部分グラフは，必ず s–t 経路であるといえるだろうか．図 4.4 で示される部分グラフは，s–t 経路とサイクルによって構成されており，条件を満たしているが，（単独の）s–t 経路とはいえない[1]．条件を変更して，「s と t の次数は 1，それ以外の頂点の次数は 0 または 2 であり，サイクルを含まない」とすれば，その条件を満たす部分グラフは必ず s–t 経路であるといえる[2]．

図 **4.4**　s–t 経路とサイクルによって構成される部分グラフ．これは s–t 経路ではない．

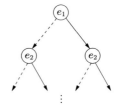

図 **4.5**　ZDD 構築の様子

　以下では，例として全体グラフが G_1（図 4.2 (a)）である場合を考える．フロンティア法では，全 s–t 経路を表す ZDD を，上（根ノード）から下方向に向かって順に構築していく．図 4.5 に示されるように，最初に根ノードを作成し，e_1 のラベルを振る．次に，0-枝とその先のノードを作成し，e_2 のラベルを振る．同様に，1-枝とその先のノードを作成し，e_2 のラベルを振る．0-枝は e_1 を s–t 経路に含めない（e_1 を採用しない）ことを意味し，1-枝は e_1 を s–t 経路に含める（e_1 を採用する）

---

[1]. s–t 経路に経路外の余分な辺やサイクルが含まれるものは，s–t 経路とは呼ばない．

[2]. 簡単な説明をすると，部分グラフを P とすると，P における s の次数が 1 なので，s から P の辺が 1 本接続する．その辺の逆端を v とすると，v の次数は 2 である必要がある（0 にはならない）ので，v には P 別の辺が 1 本接続する．以下同様に，t に到達するまで同じ議論を繰り返す．そのときに現れた辺が s–t 経路になる．その s–t 経路以外に，他の P の辺が存在する可能性があるが，そのときは次数の条件よりそれらの辺は必ずサイクルを構成することになり，条件に反するので，他の P の辺は存在しない．

ことを意味する．作成した e_2 の各ノードから同様に 0-枝と 1-枝の先を作成する．

　フロンティア法では，0-枝または 1-枝の先のノードを作成するとき，s–t 経路の完成の見込みがなくなるかどうか判定し，見込みがないと判定された時点で，枝の先を 0-終端節点に接続し，それ以降の子ノードは作成しない．この処理を**枝刈り**と呼ぶ．s–t 経路の完成の見込みがなくなるのは次の場合である（図 4.6 を参照）．

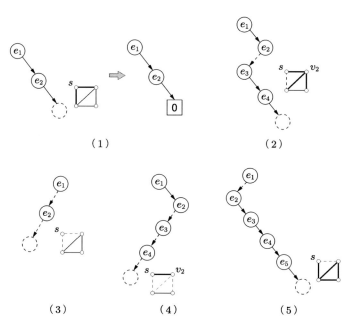

図 **4.6** s–t 経路の完成の見込みがなくなる例．グラフ中の太実線は処理済みかつ，採用することに決めた辺．点線は処理済みかつ，採用しないことに決めた辺．細実線は未処理の辺を表す．（1）のみ，0-終端への接続処理を図に示したが，他も同様である．

（1）s または t に辺が 2 本以上接続する：

　　G_1 において，e_1 と e_2 を採用することに決めると，s の次数は 2 になる．これ以降，残りの辺をどのように加えても，s–t 経路の完成は見込めない．この場合，図 4.6（1）のノード e_2 の 1-枝の先を 0-終端に接続する．

（2）s, t 以外の頂点に辺が 3 本以上接続する：

　　e_1，e_3，e_4 を採用することに決めると，v_2 の次数は 3 になる．s–t 経路に分岐が生じるので，これ以降，残りの辺をどのように加えても，s–t 経路の完成は見

込めない（（1）と同様に 0-終端に接続する）.

（3）s または t の次数が 0 に確定する：

e_1, e_2 を採用しないことに決めると，s には全体グラフの他の辺が接続していないので，s の次数が 0 に確定する．これ以降，残りの辺をどのように加えても，s–t 経路の完成は見込めない．

（4）s–t 経路が途中で分断される：

e_1 を採用し，e_3, e_4 を採用しないことに決めると，v_2 には全体グラフの他の辺が接続していないので，v_2 の次数が 1 に確定する．これ以降，残りの辺をどのように加えても，s–t 経路の完成は見込めない．

（5）サイクルが生じる：

e_3, e_4, e_5 を採用することに決めると，サイクルが生じる．これ以降，残りの辺をどのように加えても，s–t 経路の完成は見込めない．

　（1）～（5）を効率よく判定するため，ノードには対応する部分グラフの各頂点の次数を記憶する．各ノードに配列変数 deg をもたせて，値を記憶させる．頂点 v の次数を $\deg[v]$ で表す．ノード $\hat{n}$ がもつ配列を $\hat{n}.\mathrm{deg}$ で表す．

　（5）の判定のために，ノードには対応する部分グラフの連結成分の情報を記憶する．各ノードに連結成分の番号を記憶する comp という配列を用意する．連結成分の番号とは，以下の性質を満たす 1 から n までの自然数である．v と w が部分グラフの同じ連結成分に含まれているなら $\mathrm{comp}[v] = \mathrm{comp}[w]$，含まれていないなら $\mathrm{comp}[v] \neq \mathrm{comp}[w]$ である（図 4.7 を参照．連結成分の番号自体には意味はなく，上記の条件を満たしていることが本質である）．$\mathrm{comp}[v_i]$ の初期値は i とする．$e = \{v, w\}$ を採用するとき，$\mathrm{comp}[v] = \mathrm{comp}[w]$ であるなら，v と w はすでに同じ連結成分に含まれており，e を採用することによって，新たにサイクルが生じることが判定できる．

　ノード作成時の deg と comp の値の決定は以下の方法で行う．ラベル $e = \{v, w\}$ をもつノード n' について，n' の 0-枝，1-枝の先のノードをそれぞれ n_0, n_1 とする．n_0 については，n' から新たに辺は追加されないので，$n'.\mathrm{deg}$ と $n'.\mathrm{comp}$ をそのまま $n_0.\mathrm{deg}$ と $n_0.\mathrm{comp}$ にコピーする．$n_1.\mathrm{deg}$ については，v と w の次数が 1 増えるので，$n_1.\mathrm{deg}[v] \leftarrow n'.\mathrm{deg}[v] + 1$，$n_1.\mathrm{deg}[w] \leftarrow n'.\mathrm{deg}[w] + 1$ とし，それ以外の頂点については値をそのままコピーする．$n_1.\mathrm{comp}$ については，e を加

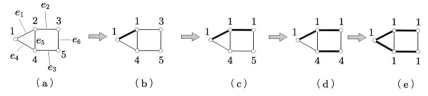

図 **4.7** comp 配列値の更新の様子．頂点の隣に記入されている数値が comp の値である．最も左のグラフが初期状態で，左から 2 個目のグラフが e_1 を採用すると決めた直後の状態．以降，e_2，e_3，e_4 を採用すると決めた直後の状態が描かれている．最も右のグラフで，e_5 または e_6 を採用する場合，辺の両端の comp 値はどちらも 1 であり，サイクルが生じることが判定できる．

えることで，v の連結成分と w の連結成分が結合され，一つの連結成分になるので，連結成分番号の大きい方の値をすべて小さい方の値に置き換える（図 4.7（a）～（e）を参照）．連結成分番号の大きい方の値を $c_{\max}$，小さい方の値を $c_{\min}$ とすると，$n'.\mathrm{comp}[u] = c_{\max}$ であるすべての頂点 u について，$n_1.\mathrm{comp}[u] \leftarrow c_{\min}$ とし，それ以外の頂点については値をそのままコピーする．

e_1，e_2，…，e_m まで処理を行い，（1）～（5）のいずれも一度も満たされることがなければ，最終的に「s と t の次数は 1，それ以外の頂点の次数は 0 または 2 であり，サイクルを含まない」部分グラフとなり，s–t 経路となるので，1-終端に接続

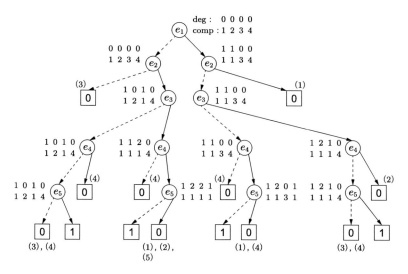

図 **4.8** s–t 経路の完成見込み判定を行って作成した ZDD．適用された判定条件を各 0-終端の下に記入している．各ノードの隣には deg と comp の値を記入している．上段の数字の左から順に v_1, v_2, v_3, v_4 の deg 値，下段が同様に comp 値である．

する．以上の判定を行って生成した ZDD を図 4.8 に示す．

4.4　ノードの共有とフロンティア

　フロンティア法では，ノードの作成中に，ノードの共有ができるかどうか判定を行い，可能な限りノードの共有を行う．ノードの共有を行うことで，作成されるノードの数が少なくなり，高速に ZDD を構築できる．

　図 4.9 の（b）と（c）のグラフは，それぞれ途中まで辺を処理した状況である．図 4.9 で，破線の楕円の左側に描かれた辺は処理済み，右側に描かれた辺は未処理であるとする．左右のグラフを比べると，どちらも残りの辺のうち，e_9 と e_{11} を採用し，e_{10} と e_{12} を採用しないとき，s–t 経路が完成し，それ以外の辺の選び方では s–t 経路が完成しないことがわかる．どちらの状態も，楕円に含まれる上 2 個の頂点同士が接続され，上から 3 個目の頂点が s と接続されており，最も下の頂点はどこにも接続されていない．このように，楕円内の全頂点について楕円の左側での接続のされ方が同じであれば，楕円の右側での辺の取捨選択による s–t 経路の完成のされ方は同じになる．このような楕円内の頂点集合を**フロンティア**と呼ぶ．フロンティアの正確な定義は，「すでに処理した辺と，未処理の辺が両方接続している頂点の集合」である．

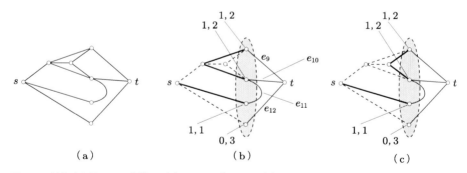

　図 4.9　共有される二つの状態．（a）もとのグラフ．（b），（c）共有される二つの状態．破線の楕円で囲まれた頂点集合がフロンティアである．フロンティア上の頂点の deg と comp の値を x, y のように示した．

　図 4.9 の状況の判定は，deg と comp を用いて行う．フロンティア上の頂点 v について，$\deg[v] = 0$ なら，どの辺も接続しておらず，$\deg[v] = 1$ なら辺が 1 本接続し，$\deg[v] = 2$ なら，s–t 経路の中間点になっていることがわかる．フロンティ

ア上の 2 点について，comp の値が同じであれば，その 2 点は接続されていることがわかる．二つのノード n', n'' について，フロンティア上のすべての頂点について，n'.deg と n''.deg が一致し，さらに n'.comp と n''.comp が一致するなら，n' と n'' の子孫は完全に一致することが証明できる（詳しくは文献 [3] を参照）．したがって，この場合にノードの共有を行う．

deg と comp の情報はフロンティア上の頂点についてのみ記憶し，それ以外の頂点については記憶を行わない．ある時点でフロンティアに含まれている頂点は，接続する辺の処理がすべて終わると，フロンティアから外れる．その頂点は，以降，再びフロンティアに含まれることはないので，その頂点に対する deg と comp の値は消去してよい．

図 4.10 は，図 4.2（a）の全体グラフ G_1 に対してフロンティア法を実行している様子を示しており，① のノードの 0-枝の先を作成する直前の状況を示している．① のノードの 0-枝の先の deg と comp を計算する．そして，すでに作成した同じラベルをもつすべてのノードの中から，フロンティア上のすべての頂点について，deg と comp が等しいものを探す（図の ②）．もしそのようなノードが見つかれば，新しいノードは作成せず，ノードの共有を行う（図（b））．

以上が s–t 経路に対するフロンティア法のアルゴリズムである．アルゴリズムの擬似コードを Algorithm 4.1～4.3 に示す．フロンティア法の本体のコードは Al-

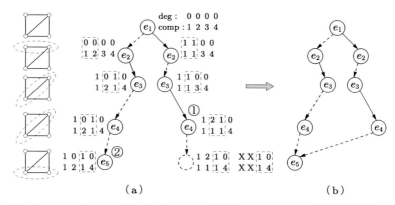

（a）　　　　　　　　　　（b）

図 **4.10**　ノードの共有．ラベル e_i のノードの左側に，e_i を処理する直前のフロンティアを破線の楕円で描いている．フロンティア上の deg と comp の値は点線の四角で囲んでいる（点線の四角の外側の値は，実際にはノードに記憶させない）．（a）のノードの 0-枝の先を作成する際，フロンティア上の deg と comp が一致するノード（b）が存在するので，ノードの共有を行う．

gorithm 4.1 に示されており，Algorithm 4.1 から呼び出されるサブルーチンが Algorithm 4.2 と 4.3 に示されている．フロンティア法を C，C++，C# 言語で実装したソースコードを Web サイトで公開している[3]．

フロンティア法によって作成された ZDD は既約であるとは限らない．必要なら，3.1 節で述べた ZDD の圧縮規則を用いて既約化できる．

Algorithm 4.1：ConstructZDD — フロンティア法による ZDD の構築

```
 1  N_1 ← {n_root}. N_i ← ∅ for i = 2, ..., m + 1.
 2  for i ← 1 to m do
 3  │ foreach n̂ ∈ N_i do
 4  │ │ foreach x ∈ {0, 1} do                        // 0/1-枝の処理
 5  │ │ │ n' ← CheckTerminal(n̂, i, x)         // 0, 1, nil のいずれかを返す
 6  │ │ │ if n' = nil then                    // n' は 0 でも 1 でもない
 7  │ │ │ │ n̂ を n' にコピーする.
 8  │ │ │ │ UpdateInfo(n', i, x)
 9  │ │ │ │ if n' と等価な n'' ∈ N_{i+1} が存在する then
10  │ │ │ │ │ n' ← n''
11  │ │ │ │ else
12  │ │ │ │ │ N_{i+1} ← N_{i+1} ∪ {n'}
13  │ │ │ n̂ の x-枝を作成し，n' を指すようにする.
```

Algorithm 4.2：UpdateInfo(n̂, i, x) — deg, comp の更新

```
 1  e_i = {v, w} とする.
 2  foreach u ∉ F_{i-1} となるような u ∈ {v, w}
                             // u は新たにフロンティアに含まれるようになる
 3  │ n̂.deg[u] ← 0
 4  │ n̂.comp[u] ← j ただし，j は u = v_j を満たす値
 5  if x = 1 then
    │ // v と w の次数を 1 増やす
 6  │ n̂.deg[v] ← n̂.deg[v] + 1
 7  │ n̂.deg[w] ← n̂.deg[w] + 1
    │ // 二つの連結成分が結合
```

---

[3] https://github.com/junkawahara/frontier-basic

8 　　$c_{\max} \leftarrow \max\{\hat{n}.\text{comp}[v], \hat{n}.\text{comp}[w]\}$
9 　　$c_{\min} \leftarrow \min\{\hat{n}.\text{comp}[v], \hat{n}.\text{comp}[w]\}$
10 　**foreach** $u \in F_i$ **do** 　　　　　　　　　　// フロンティアの各頂点について
11 　　**if** $\hat{n}.\text{comp}[u] = c_{\max}$ **then**
12 　　　$\hat{n}.\text{comp}[u] \leftarrow c_{\min}$
13 **foreach** $u \notin F_i$ **となるような** $u \in \{v, w\}$ **do** 　　// u がフロンティアから去る
14 　$\hat{n}.\text{deg}[u]$ と $\hat{n}.\text{comp}[u]$ の値を消去する.

Algorithm 4.3： CHECKTERMINAL$(\hat{n}, i, x)$ — ZDD の終端判定

1 　$e_i = \{v, w\}$ とする.
2 　**if** $x = 1$ **then**
3 　　**if** $\hat{n}.\text{comp}[v] = \hat{n}.\text{comp}[w]$ **then** 　　　// v と w が同じ連結成分に属する
4 　　　**return** 0 　　　　　　　　　　　　　　// サイクルが生じる (5)
5 　$\hat{n}$ を n' にコピーする.
6 　UPDATEINFO(n', i, x).
7 　**foreach** $u \in \{v, w\}$ **do**
8 　　**if** $(u = s$ または $u = t)$ かつ $n'.\text{deg}[u] > 1$ **then** 　　　// （1）の確認
9 　　　**return** 0
10 　　**else if** $(u \neq s$ かつ $u \neq t)$ かつ $n'.\text{deg}[u] > 2$ **then** 　　　// （2）の確認
11 　　　**return** 0
12 　**foreach** $u \notin F_i$ **となるような** $u \in \{v, w\}$ **do** 　　// u がフロンティアから去る
13 　　**if** $(u = s$ または $u = t)$ かつ $n'.\text{deg}[u] \neq 1$ **then** 　　　// （3）の確認
14 　　　**return** 0
15 　　**else if** $(u \neq s$ かつ $u \neq t)$ かつ $n'.\text{deg}[u] \neq 0$ かつ $n'.\text{deg}[u] \neq 2$ **then**
　　　　　　　　　　　　　　　　　　　　　　　　　　　　　　// （4）の確認
16 　　　**return** 0
17 **if** $i = m$ **then** 　　　　　　　　　　　　　　// 最後の辺の処理が終わる
18 　**return** 1 　　　　　　　　　　　　　　　// s–t 経路が完成
19 **return nil** 　　　　　　　　　　　　　　// 0/1-終端ではない

4.5 さまざまな部分グラフ列挙

　s–t 経路に対するフロンティア法のアルゴリズムをみると，頂点の次数の条件判定と連結成分の条件判定（二つの頂点が同じ連結成分に含まれるか否か）がアルゴリズムの動作の肝であることがわかる．頂点の次数や連結成分を指定することで定

まる部分グラフであれば，s–t 経路以外にもさまざまな列挙対象に対する ZDD の
構築が，同じ枠組みで可能になる．

　例として，対象グラフがハミルトン s–t 経路の場合を考える．ハミルトン s–t 経
路は，全体グラフのすべての頂点を通る s–t 経路である．ハミルトン s–t 経路は
「s と t の次数は 1，それ以外の頂点の次数は 2 であり，サイクルを含まない」部分グ
ラフと言い換えることができる．ハミルトン s–t 経路に対するフロンティア法は，
s–t 経路に対するフロンティア法とほとんど同じである．4.3 節の条件判定の（4）
において，頂点の次数が 0 の場合も，0-終端につなぐようにすればよい．それ以外
は全く同じである．

　もう一つの例として，対象グラフが全域森の場合を考える．全域森は「任意の頂
点の次数が 1 以上で，サイクルを含まない」部分グラフである．全域森に対するフ
ロンティア法の動作はほとんど自明であろう．

　deg と comp 以外にも，ZDD のノードにさまざまな情報を記憶させることで，扱
える列挙対象の種類を増やすことができる．それらをいくつか紹介しよう．

（1）採用した辺の個数：

　　採用した辺の個数をノードに格納する．noe を，採用した辺の個数を表す変
　　数とする．辺を採用するたびに noe を 1 増やす．この変数を用いれば，たと
　　えば，「長さが 30 以下である s–t 経路」を表す ZDD の構築が可能となる．

（2）サイクルの有無：

　　s–t 経路に対するフロンティア法では，サイクルが生じた場合，即座に 0-終
　　端へつないでいるが，0-終端にはつながず，サイクルが生じたことをノードに
　　記憶させておけば，逆にサイクルを含まなければならない部分グラフを列挙
　　対象とすることも可能となる．

（3）確定した連結成分の個数：

　　ある頂点 v がフロンティアから外れる（v に接続するすべての辺が処理済み
　　になる）とき，v が属する連結成分の番号が，フロンティア上の他のどの頂点
　　の連結成分番号とも異なれば，v が属する連結成分は，今後，他の連結成分と
　　結合することはなく，連結成分が一つ確定する．変数 cc によって，確定した
　　連結成分（今後，他の頂点が新たに加わることのない連結成分）の個数をノー
　　ドに記憶させる．この変数を用いて，たとえば「任意の頂点の次数が 1 以上，

連結成分の数が 1 で，サイクルを含まない」部分グラフ，すなわち，全域木を列挙対象にすることが可能になる．

（4）着目する頂点が同じ連結成分に含まれるか否か：
たとえば，頂点 x, y が同じ連結成分に含まるような部分グラフを列挙対象にしたいとする．そのとき，頂点 x と y が属する連結成分の番号をノードに記憶させる．x と y がフロンティアから外れても，この情報は保持したままとする．x または y がフロンティアから外れるとき，x と y が同じ連結成分に含まれないことが確定した時点で，0-終端につなぐ．逆に頂点 x, y が同じ連結成分に含まれない，という条件記述も可能である．頂点対は何組あってもよい．

上記で述べた情報以外にも，さまざまな情報をノードに記憶させて，条件判定を行うことが可能である．それらの条件判定を組み合わせることで，複雑な条件を満たす部分グラフに対する ZDD の構築が行える．これらの詳しい実現方法や擬似コードは文献 [1] に記述されている．

Graphillion では，（1）から（4）で述べた機能を（ノードに記憶させる情報をユーザが意識することなく）使用することができる．詳細は付録 A を参照されたい．

4.6　その他のフロンティア法ライブラリ

フロンティア法を実装したライブラリは，現時点で Graphillion 以外に他に二つ存在する．

- フロンティア法の C++ による実装 ······ `https://github.com/junkawahara/frontier`
  本章の筆者作のライブラリである．ノードに記憶させる情報や条件判定を C++ のクラスとして実装することで，Graphillion では記述できない複雑な条件を柔軟に表現できる．上記で述べたフロンティア法の詳細を理解した上で使用することを想定している．本書では説明は省略する．使い方に関しては Web ページを参照されたい．

- TdZdd ライブラリ ······ `https://github.com/kunisura/TdZdd`
  Graphillion の内部で使用している C++ テンプレートライブラリ．さまざまなフロンティア法を記述するための枠組みと高速な処理アルゴリズムを提供す

る．与えられた探索空間の中だけでフロンティア法を実行するサブセッティング手法や，複数スレッドによる並列処理などをサポートしている．

☐ 第 4 章の関連図書・参考文献

[1] J. Kawahara, T. Inoue, H. Iwashita, S. Minato. Frontier-based Search for Enumerating All Constrained Subgraphs with Compressed Representation. *Hokkaido University, Division of Computer Science, TCS Technical Reports*, TCS-TR-A-14-76, 2014. `http://www-alg.ist.hokudai.ac.jp/tra.html`.

[2] D. E. Knuth. *The Art of Computer Programming, Volume 4A, Combinatorial Algorithms, Part 1.* Addison-Wesley Professional, 2011.

[3] R. Yoshinaka, T. Saitoh, J. Kawahara, K. Tsuruma, H. Iwashita, S. Minato. Finding all solutions and instances of numberlink and slitherlink by ZDDs. *Algorithms*, 5, 176–213, 2012.

種々のリンクパズルへの応用

執筆担当：斎藤寿樹，川原　純，安田宜仁

　第4章では，与えられた全体グラフ上の経路や木を列挙するアルゴリズムをみてきた．このアルゴリズムを拡張することにより，さまざまな応用が考えられ，第5〜8章ではそうした応用をいくつか紹介する．本章では，その応用例の導入として，パズルへの応用をみてみることにしよう．

　パズルは娯楽，教育などさまざまな場面で利用されており，世の中には数多くの種類のパズルがある．パズルの中には，グラフ上の問題として定式化できる離散的なパズルが数多く存在する．線をつなぐペンシルパズル[1]（リンクパズル）は，グラフ上の問題として容易に認識できるパズルである．リンクパズルにはナンバーリンク，スリザーリンク，ましゅ，ヤジリンなど，いくつもの種類があるが，本章では，これらの中から代表的で，かつ，経路やサイクルを列挙するフロンティア法を単純に拡張することで解けるリンクパズルとして，ナンバーリンクとスリザーリンクを紹介し，それらのソルバーを作成する．

5.1　ナンバーリンク

　ナンバーリンクは，正方格子の盤面にある同じ数字同士を線でつなぐパズルである．ただし，それぞれの線は各マスの中心点を水平もしくは垂直に結ぶことによって構成し，また，線を交差させたり，線に分岐を生じさせたりしてはならない[2]．図5.1にナンバーリンクの問題例とその解答を示している．ナンバーリンクはグラフ上の問題として定式化できる．各マスを頂点とし，マスの中心点を結ぶ水平線および垂直線を辺とすれば，盤面は格子グラフとなる（図5.2）．ナンバーリンクは格子グラフ上の複数の経路を求める問題として定式化できる．もう少し厳密に書くと，格子グラフと p 個の端点対 $\{s_1, t_1\}, \{s_2, t_2\}, \ldots, \{s_p, t_p\}$ が与えられ，その部分グラフとして p 個の経路（s_1–t_1 経路，s_2–t_2 経路，$\ldots$，s_p–t_p 経路）を求める問題となる．ただし，解の中の任意の二つの経路は同じ頂点を共有してはならない．ちなみに，p が1のとき，つまり始点と終点のペアの数が一つのときは s–t 経路を求める問題と等価であるため，ナンバーリンクは s–t 経路を求める問題を拡張した問題

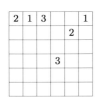 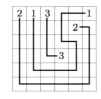 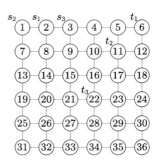

図 **5.1**　ナンバーリンクの問題例とその解答　　　図 **5.2**　グラフによる定式化

といえる．

■ フロンティア法を用いたナンバーリンクアルゴリズム

　リンクパズルでは，一般的に条件を満たす解を一つ求めるのが目標であるが，フロンティア法では，条件を満たす解をすべて列挙する（より正確には条件を満たす解の集合を ZDD で表す）．通常，パズル本に掲載されているリンクパズルの問題は解を一つしかもたないので，フロンティア法を適用すると，解が一つだけの ZDD が出力される．

　それでは，どのようにフロンティア法を設計すればよいかを考えていこう．基礎となるアルゴリズムは，フロンティア法による s–t 経路を列挙するアルゴリズムである．そこで，s–t 経路とナンバーリンクの解の性質の違いから，アルゴリズムをどのように拡張すればよいかを述べていく．

　まずは，部分グラフが s–t 経路であるときの性質を復習する．4.3 節では，部分グラフが s–t 経路である必要十分条件が以下の三つを満たすことであることを学習した．

（a）s と t の次数は 1 である．

（b）s と t 以外の各頂点の次数 0 か 2 である．

（c）サイクルを含まない．

s–t 経路では端点対の数が一つであるのに対し，ナンバーリンクは端点対の数が複数である．そのことに着目し，s–t 経路の性質を拡張すると，以下のようになる．

（a）各端点対 $\{s_i, t_i\}$ に対して，s_i と t_i の次数は 1 である．

（b）どの端点対にも含まれない各頂点の次数は 0 か 2 である．

（c）サイクルを含まない．

ナンバーリンクの解は必ずこれらの条件を満たすのは明らかであろう．では，これらの条件を満たしていれば，ナンバーリンクの解となるのだろうか．図 5.3 は，これらの条件を満たすが，期待する端点対同士をつないでいないため，解とはいえない．そのため，部分グラフがナンバーリンクの解であるためには，次の条件を追加する必要がある．

（d）各端点対 $\{s_i, t_i\}$ について，s_i と t_i が同じ連結成分に含まれる．

この条件を追加した四つの条件を満たす部分グラフがナンバーリンクの解であり，ナンバーリンクの解は必ずこの四つの条件を満たす．フロンティア法を用いたナンバーリンクのアルゴリズムでは，この性質を満たす部分グラフを列挙する．

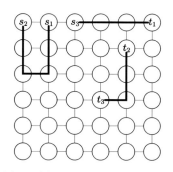

図 **5.3** 　（a）〜（c）の条件のみを満たす部分グラフの例

　フロンティア法は ZDD をトップダウンに構築する方法であり，フロンティア法によるアルゴリズムの設計では枝刈りとノードの共有の二つの処理が重要な役割を果たす．まずはナンバーリンクを解くアルゴリズムの枝刈りをみてみよう．s–t 経路を列挙するアルゴリズムには，五つの枝刈りルールがあった．ナンバーリンクではそれらの枝刈りルールを拡張し，下記の（1）〜（5）に（6）の条件を加え，これらの場合に枝刈りを行う．

（1）ある端点対 $\{s_i, t_i\}$ の頂点 s_i または t_i に辺が 2 本以上接続する．

（2）どの端点対にも含まれない頂点の次数が 3 以上になる．

（3）ある端点対 $\{s_i, t_i\}$ の頂点 s_i または t_i の次数が 0 に確定する．

（4）どの端点対にも含まれない頂点が経路の端点に確定する．

（5）サイクルが生じる．

（6）異なる端点対に含まれている二つの端点をつなぐ．たとえば，異なる二つの端点対 $\{s_i, t_i\}$ と $\{s_j, t_j\}$ に対して，2頂点 s_i と s_j をつなぐ（図5.4を参照）．

　これらの枝刈りルールのうち，（1）〜（4）については，s–t 経路を列挙するフロンティア法の単純な拡張であり，s–t 経路の列挙のときと同じく配列変数 deg を保持するだけで実現できる．また，（5）の処理は s–t 経路を列挙するフロンティア法と全く同じ方法で，配列変数 comp を使うことで実現できる．

　（6）は，ナンバーリンクの解の必要十分条件の四つ目の性質を満たすかどうかの判定である．この処理を行うには，配列変数 comp を使うだけでよく，とくに新しく情報を追加する必要はない．具体的には，次のように処理を進めていく．異なる端点対に含まれている二つの端点をつなぐことは，部分グラフに辺を加える際に発生する．そのため，ここでは辺 $e = \{v, w\}$ のラベルをもつノードの1-枝の先を作成する状況，つまり辺 e を採用する状況を考える．ここで，$\mathrm{comp}[s_i] = \mathrm{comp}[v]$ かつ $\mathrm{comp}[s_j] = \mathrm{comp}[w]$ となるある端点対の頂点 $s_i, s_j (i \neq j)$ が存在したとする．このとき，e を採用することによって，図5.4のように s_i と s_j は同じ連結成分に属することになり，この経路は，図5.3の $s_1 - s_2$ 経路のように，期待するものではない．つまり，辺 e を部分グラフに含めるとナンバーリンクの解とはならないため，このノードの1-枝は0-終端に接続する．また，s_i と s_j だけでなく，三つの組 s_i と t_j，t_i と s_j，t_i と t_j も同じ連結成分に含まれてはいけないので，同様にチェックする必要がある．ちなみに，これらの処理を効率的に行うには，各頂点に，その頂点が同じ連結成分に属す端点対の頂点，もしくはどの端点対とも同じ連結成分に属さない，という情報をもたせる．これにより各処理は定数回のメモリアクセスで実現できる．

図 **5.4**　異なる2端点対の2頂点を経路でつなぐ

　あとは，ノードの共有処理の設計であるが，保持する情報は二つの配列変数 deg と comp であり，これらの情報が同じであれば，今後，解となりうる辺の組合せが同じである．そのため，ノードの共有処理は s–t 経路を列挙するフロンティア法と同じものが使える．ただし，comp 値はフロンティア上の頂点以外に，各 s_i, t_i に

ついても記憶し，比較する必要がある．

　以上により，フロンティア法を用いたナンバーリンクのアルゴリズムが整った．フロンティア法による s–t 経路の列挙アルゴリズムの Algorithm 4.1 と 4.2 は全く同じであるため，CHECKTERMINAL のみ書き換える．ナンバーリンクを解くアルゴリズムの CHECKTERMINAL の擬似コードを Algorithm 5.1 に記す．Knuth の s–t 経路のアルゴリズムとの異なる点は，枝刈り処理 (6) のために 5〜6 行目を追加したこと，および，10 行目と 15 行目を端点対が複数あることを考慮するよう拡張した点である．このようなわずかな拡張だけで，ナンバーリンクのアルゴリズムとして記述できる．

Algorithm 5.1 : CHECKTERMINAL$(\hat{n}, i, x)$ for NUMBERLINK

——ナンバーリンクを解くアルゴリズムの CHECKTERMINAL

```
1  e_i = {v, w} とする.
2  if x = 1 then                                              //(5) の確認
3  │  if n̂.comp[v] = n̂.comp[w] then
4  │  └  return 0
5  │  if comp[y] = comp[v] かつ comp[z] = comp[w] となる端点 y, z が存在し，ある p
   │     と q (p ≠ q) について，(y, z) = (s_p, s_q), (s_p, t_q), (t_p, s_q), (t_p, t_q) のいずれかが成
   │     り立つ then                                           //(6) の確認
6  │  └  return 0
7  n̂ を n' にコピーする.
8  UPDATEINFO(n', i, x).
9  foreach u ∈ {v, w} do
10 │  if u が s_1, t_1, ..., s_p, t_p のいずれかであり，かつ n'.deg[u] > 1 then
   │                                                          //(1) の確認
11 │  └  return 0
12 │  else if n'.deg[u] > 2 then                              //(2) の確認
13 │  └  return 0
14 foreach u ∉ F_i となるような u ∈ {v, w} do        //u がフロンティアから去る
15 │  if u が s_1, t_1, ..., s_p, t_p のいずれかであり，かつ n'.deg[u] > 1 then
   │                                                          //(3) の確認
16 │  └  return 0
17 │  else if n'.deg[u] ≠ 0 かつ n'.deg[u] ≠ 2 then          //(4) の確認
18 │  └  return 0
19 if i = m then                                        //最後の辺の処理が終わる
20 │  return 1                                        //ナンバーリンクの解が完成
21 return nil                                            //0/1-終端ではない
```

■ Graphillion による実装

上記アルゴリズムを Graphillion を使って実装する方法について解説する．まず，Graphillion モジュールをインポートする．

```
1  >>> from graphillion import GraphSet
2  >>> import graphillion.tutorial as tl
```

次に，ナンバーリンクの問題として，格子グラフと複数の端点対を与える．ここでは，例として，図 5.2 の問題を解くプログラムを書く．全体グラフとして 5 × 5 の格子グラフを構築し，また端点対の集合として 2 次元配列 tp を初期化する．

```
1  >>> universe = tl.grid(5, 5)
2  >>> tp=[[2, 6], [1, 11], [3, 22]]
3  >>> GraphSet.set_universe(universe)
4  >>> tl.draw(universe)
```

tp は端点対のリストであり，頂点 2 と 6，1 と 11，3 と 22 をそれぞれ端点対とする．4 行目では，格子グラフを出力している．出力結果を図 5.5 に示す．

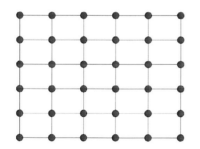

図 **5.5** 全体グラフとして与えた格子グラフ

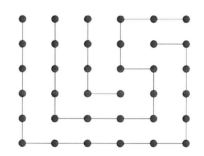

図 **5.6** Graphillion による解の出力

次は次数の制約の記述である．ナンバーリンクの解の性質から，端点対のリスト tp のいずれかに属す頂点の次数は 1 となり，それ以外の頂点は 0 か 2 である．頂点番号をキー，その頂点番号のとりうる次数の集合を値とするディクショナリ dc を作成する．

```
1  >>> # 次数制約を表すディクショナリ
2  >>> dc = {}
3  >>>
4  >>> # すべての頂点の次数を 0 か 2 とする
5  >>> for i in xrange(1, 37):   # i = 1,...,36 のループ
6  ...     dc[i] = (0, 2)
7  >>>
8  >>> # ただし，tp に含まれている頂点の次数は 1 にする
9  >>> for pair in tp:
10 ...     dc[pair[0]]=1
11 ...     dc[pair[1]]=1
```

これでナンバーリンクを解く準備が整った．ナンバーリンクを解くには，次の 1
行目を記述する．

```
1  >>> solutions = GraphSet.graphs(vertex_groups=tp, degree_constraints
   =dc, no_loop=True)
2  >>> len(solutions)
3  1
4  >>> tl.draw(solutions.choice())
```

1 行目について解説する．GraphSet.graphs は，引数として与えられる制約を満た
す部分グラフを表す ZDD を構築する命令である．Graphillion には，頂点対が同
じ連結成分に属するか，または，異なる成分に属するかを条件指定し，条件を満たす
部分グラフのみを ZDD で表す機能があり，ここではこの機能を用いる．tp=[[2,
6], [1, 11], [3, 22]] とし，vertex_groups の引数に tp を指定することで，
2 と 6 など，同じリストに含まれる頂点は同じ連結成分に含まれ，2 と 1 など，異な
るリストに含まれる頂点は異なる連結成分に含まれる，という条件を指定すること
ができる．degree_constraints は，各頂点の次数制約の記述であり，これは dc
で定義している．また，ナンバーリンクの解はサイクルを含まないため，no_loop
を True としている．これにより，GraphSet.graphs はこれらの条件を満たした部
分グラフを表す ZDD を構築している，つまりナンバーリンクのすべての解を ZDD
が保持している．2 行目で抽出された部分グラフの数を確認すると，3 行目の出力結
果は 1 であるため，このナンバーリンクの解の数は 1 であることがわかる．また，4
行目は解を描画しており，その描画結果を図 5.6 に示す．これは図 5.2 の解となっ
ていることが確認できる．

5.2 スリザーリンク

　スリザーリンクは，正方格子点の隣り合う 2 点間を線分でつなぎ，一つのループをつくるパズルである．各線は隣り合う点同士を水平線や垂直線で描かなければならず，また線を交差させたり，線に分岐を生じさせてはならない．また，いくつかの単位正方形（マスと呼ぶ）を構成する四つの点の中に 0 から 4 までの数字が記入されており，そのマスを構成する 4 辺のうち，ちょうどその数字の数だけ線を引かなければならない．本節では，この制約を**辺数制約**と呼ぶ．数字が記入されていないマスの周囲には何本の線を引いてもよい．格子点上の各点を頂点，隣り合う二つの格子点を結ぶ線を辺とみなすと，スリザーリンクの盤面は格子グラフであり，スリザーリンクは格子グラフ上の，各マスの辺数制約を満たすサイクルを求める問題といえる．

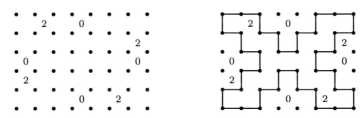

図 **5.7**　スリザーリンクの問題例とその解答

■ フロンティア法を用いたスリザーリンクソルバー

　スリザーリンクの解は，特定の制約を満たすサイクルである．ここで紹介するアルゴリズムは，まずサイクルを列挙した後，その中から各マスの辺数制約を満たす解を ZDD の基本演算を用いて絞り込むことによって，スリザーリンクの解を求めるものである．ここではまずサイクルを列挙するアルゴリズムをみていき，そして，ZDD の基本演算でどのように解を絞り込んでいくのかを説明する．

　サイクルを列挙するアルゴリズムを考えてみよう．まず，一つのサイクルからなる部分グラフはどのような性質をもつだろうか？　次数の制約から考えてみると，各頂点の次数は 0 か 2 であることがわかる．しかし，この条件だけでは十分ではない．図 5.8 のように複数のサイクルをもつ部分グラフもこの条件を満たしてしまう．そのため，複数のサイクルを排除する処理を考える必要があるが，フロンティア法において，この処理は単純に行える．

　どのようにすれば複数のサイクルを除外できるかをみてみよう．いま，ZDD の構

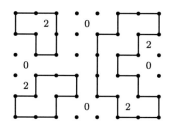

図 **5.8** 複数のサイクル

築途中であり，ラベル e をもつあるノードの 1-枝の先を決定する状況，つまり，辺 e を採用する状況を考える．$e = \{v, w\}$ とすると，v と w が同じ連結成分に含まれているなら，e の採用によってサイクルが完成することがわかる．このとき，もしフロンティア上の他の頂点のうち次数が 1 のものがあれば，サイクルに余分な辺が加わることになるので，枝刈りを行う．また，もし次数が 2 のものがあり，その頂点が v や w と同じ連結成分に属していないなら，サイクルが 2 個以上存在することになるため，この場合も枝刈りを行う．そのような頂点が 1 個もなければ，一つのサイクルが完成したことになるので，ノードの 1-枝の先は 1-終端となる．以上により，フロンティア法を用いたサイクルを列挙するアルゴリズムは，CHECK TERMINAL を Algorithm 5.2 のように変更することでつくることができる．

Algorithm 5.2 : CHECK TERMINAL $(\hat{n}, i, x)$ for CYCLE

———サイクル列挙を行う CHECK TERMINAL

```
1  e_i = {v, w} とする.
2  if x = 1 then
3  │  if n̂.comp[v] = n̂.comp[w] then            //サイクル発生の確認
4  │  │  if n̂.deg[v] ≠ 1 then
5  │  │  │  return 0
6  │  │  if n̂.deg[w] ≠ 1 then
7  │  │  │  return 0
8  │  │  foreach u ∈ F_i do                      //フロンティア上の各頂点 u について
9  │  │  │  if u ≠ v かつ u ≠ w then
10 │  │  │  │  if n̂.deg[u] = 1 then
11 │  │  │  │  │  return 0
12 │  │  │  │  else if n̂.deg[u] = 2 かつ n̂.comp[u] ≠ n̂.comp[v] then
13 │  │  │  │  │  return 0
14 │  │  return 1                                //サイクルを生成
15 n̂ を n' にコピーする.
```

```
16   UPDATEINFO(n', i, x).
17   foreach u ∈ {v, w} do
18   │  if n'.deg[u] > 2 then
19   │  │  return 0
20   │  foreach u ∉ F_i となるような u ∈ {v, w} do
21   │  │  if n'.deg[v] ≠ 0 かつ n'.deg[v] ≠ 2 then
22   │  │  │  return 0
23   │  return nil
```

これで，サイクル一つからなるすべての部分グラフを表す ZDD Z_C を構築することができた．しかし，現在 ZDD Z_C が表しているサイクルには，図 5.9 のように，辺数制約を満たさないものが多数含まれている．そのため，すべてのサイクルを表す ZDD から辺数制約を満たすサイクルを探し出さなければならない．

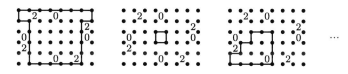

図 **5.9**　サイクル列挙により得られるサイクルの例

ここでは，ZDD の基本演算を用いることで，辺数制約を満たすサイクルに絞り込んでみることにしよう（ZDD の基本演算の詳細は 10.5 節を参照）．

ここでは，数字 2 をもち，周囲の辺が $E' = \{e_n, e_e, e_w, e_s\}$ であるマスについて，このマスの辺数制約を満たすサイクルのみを Z_C から取り出すことを考えよう（図 5.10）．ここで E' のうち，二つを選ぶ組合せは $e_n e_e$，$e_n e_w$，$e_n e_s$，$e_e e_w$，$e_e e_s$，$e_w e_s$ の 6 通りであり，サイクルを構成する辺集合の中には，これらのうちいずれかが含まれなければならない．そのため，まずこの 6 通りの組合せを表す ZDD $Z_{E'}^i$ を構築する．これは ZDD の permit 演算により簡単に構築することが可能である．

図 **5.10**　あるマスで辺数制約の値が 2 の場合

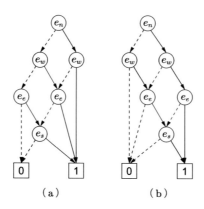

図 **5.11** （a）4 本の辺のうち 2 本を選ぶ組合せを表す ZDD． （b）4 本の辺のうち 3 本を選ぶ組合せを表す ZDD．

その構築結果の例を図 5.11(a) に示す．そして，すべてのサイクルを表す ZDD Z_C に対して，$Z_{E'}^i$ を引数とする restrict 演算により，E' の中の二つの辺を含むすべてのサイクルを表す ZDD $Z_{C'}$ を構築できる．permit 演算と restict 演算については ZDD の基本演算表 10.2 を参照してほしい．

　さて，これでこの辺集合 E' に対する辺数制約を満たすすべてのサイクルを表す ZDD は完成したのだろうか？　結論をいうと，まだ完成していない．ここで構築した ZDD $Z_{C'}$ には，一般に，E' の中の 3 辺以上を含むサイクルが存在しており，それらを除去する必要がある．ここでは，これを先ほどと同様に，ZDD の基本演算を用いて除去することを考える．

　辺集合 E' のうち三つの辺を選ぶ組合せは $e_n e_e e_w$，$e_n e_e e_s$，$e_n e_w e_s$，$e_e e_w e_s$ の 4 通りであり，サイクルはこれらの組合せをいずれも含んではならない．そこで，この 4 通りの組合せを表す ZDD $Z_{E'}^e$ を構築する（図 5.11（b））．そして，ZDD $Z_{C'}$ と $Z_{E'}^e$ の restrict 演算（表 10.2 を参照）を用いて三つの辺を含むサイクルの集合を作成し，$Z_{C'}$ からその集合を取り除くことで，E' の中のちょうど二つの辺を含む（二つの辺を含み，三つ以上の辺を含まない），つまり，$E' = \{e_n, e_e, e_w, e_s\}$ に対する辺数制約を満たすすべてのサイクルを表す ZDD が構築できる．

　上記では一つのマスを例として，辺数制約を満たすサイクルを列挙した．同じ操作を，すべてのマスについて行えばよい．以上をまとめたものを Algorithm 5.3 に示す．

Algorithm 5.3：SolveSlitherLink ──スリザーリンクソルバー

1 すべてのサイクルを保持する ZDD Z_C を構築する.
2 **foreach** 辺数制約をもつ各マス **do**
3 | マスの周囲の辺集合を E'，マスの数字を l とする.
4 | E' の要素をちょうど l 個含むすべての組合せを表す ZDD $Z_{E'}^i$ を構築
5 | $Z_{C'} = Z_C.\text{restrict}(Z_{E'}^i)$
6 | E' の要素をちょうど $l+1$ 個含むすべての組合せを表す ZDD $Z_{E'}^e$ を構築
7 | $Z_{C''} = Z_{C'} \setminus (Z_{C'}.\text{restrict}(Z_{E'}^e))$
8 | $Z_C = Z_{C''}$

■ Graphillion による実装

Graphillion を使ったスリザーリンクの解き方を，図 5.7 を例に示す. まず，
Graphillion モジュールと itertools の combinations（後述）をインポートする.

```
1 >>> from graphillion import GraphSet
2 >>> import graphillion.tutorial as tl
3 >>> from itertools import combinations
```

次に，全体グラフとして，格子グラフを生成する. ここでは，図5.7 を例として
用いるため，格子グラフのサイズは 5×7 である.

```
1 >>> universe = tl.grid(5, 7)
2 >>> GraphSet.set_universe(universe)
```

辺数制約を以下のように記述する.

```
1 >>> hint_edge_lists = [
2 ...     [(2, 10), (2, 3), (3, 11), (10, 11)],
3 ...     [(4, 12), (4, 5), (5, 13), (12, 13)],
4 ...     [(15, 23), (15, 16), (16, 24), (23, 24)],
5 ...     [(17, 25), (17, 18), (18, 26), (25, 26)],
6 ...     [(23, 31), (23, 24), (24, 32), (31, 32)],
7 ...     [(25, 33), (25, 26), (26, 34), (33, 34)],
8 ...     [(36, 44), (36, 37), (37, 45), (44, 45)],
9 ...     [(38, 46), (38, 39), (39, 47), (46, 47)]]
10 >>> hint_num_list = [2, 0, 2, 0, 0, 2, 0, 2]
11 >>> num_of_hints = len(hint_num_list)
```

hint_edge_lists の各要素が，各マスの辺集合に対応する．hint_num_list の各要素は hint_edge_lists のそれぞれの辺集合と対応しており，その辺集合で使用する辺の数を表している．たとえば，2 行目の辺集合 [(2, 10), (2, 3), (3, 11), (10, 11)] と hint_num_list の最初の要素 2 が対応しており，この辺集合からちょうど 2 本の辺を使用するサイクルを抽出する．また，num_of_hints は辺数制約の数を表す．

　次に，ただ一つのサイクルからなる部分グラフを列挙する．上で述べたアルゴリズムは Graphillion に実装されており，以下の 1 文でよい．

```
1  cycles = GraphSet.cycles()
```

サイクルの列挙ができたので，あとは各辺数制約に対して，制約を満たすサイクルに絞り込んでいく．すべての制約条件を満たすサイクルに絞り込むことができれば，それはスリザーリンクの解である．絞り込みを行うプログラムは以下のとおりである．

```
1  >>> for i in xrange(0, num_of_hints):
                           # i = 0,...,num_of_hints - 1 のループ
2  ...    edges = hint_edge_lists[i]      # i 番目の辺数制約のマスの辺集合
3  ...    hint_num = hint_num_list[i]       # i 番目の辺数制約のマスの数字
4  ...    in_gs = GraphSet(list(combinations(edges, hint_num)))
5  ...    cycles = cycles.including(in_gs)
6  ...    ex_gs = GraphSet(list(combinations(edges, hint_num + 1)))
7  ...    cycles = cycles.excluding(ex_gs)
```

4 行目では，辺集合 edges の中からちょうど hint_num 本のすべての組合せを combinations により求め，その組合せを表す ZDD を GraphSet で構築している．combinations は，組合せを返す関数で，たとえば list(combinations([(2, 10), (2, 3), (3, 11), (10, 11)], 2)) と書くことによって，第 1 引数で与えたリストから 2 個選んだ組合せ [((2, 10), (2, 3)), ((2, 10), (3, 11)), ((2, 10), (10, 11)), ((2, 3), (3, 11)), ((2, 3), (10, 11)), ((3, 11), (10, 11))] が得られる．5 行目は，現在保持しているサイクルの集合から 2 行目で構築した ZDD がもつ組合せのいずれかを必ず含むもののみを抽出する．6 行目は辺集合 edges の中から hint_num + 1 本を選ぶ組合せを表す ZDD を構築し，7

行目で edges の中から hint_num + 1 本以上の辺をもつサイクルを除外している．
5 行目および 7 行目で用いられている including および excluding は ZDD の基
本演算を用いて実現されている（詳細は 10.5 節および A.2.3 項を参照）．これを各
辺数制約に対して行うことで，すべての辺数制約を満たしたサイクルのみを列挙で
きる．

最後に，絞り込みを終えた後の結果を出力する．

```
1  >>> len(cycles)
2  1
3  >>> tl.draw(cycles.choice())
```

この結果から，解の数は 1 であることが確認できる．また図 5.12 のような出力結果
が得られ，スリザーリンクが解けていることを確認できる．

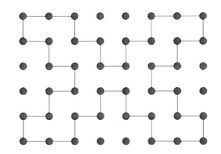

図 **5.12** Graphillion によるスリザーリンクの解の出力

5.3 まとめ

本章では，フロンティア法によるナンバーリンクとスリザーリンクを解くアルゴ
リズムをそれぞれ紹介した．これは，パズルが直感的に理解しやすく，またパズルを
解くという楽しみがあるため，応用例の導入として適していると考えたからだ．し
かし，今回紹介したアルゴリズムは，楽しさを味わうためだけに留まらず，実は拡
張性の高い有用なアルゴリズムであり，さまざまな場面での応用が期待できる．

パズル本に掲載されている問題は，解を一つしかもたないことが多い．パズルの
問題をでたらめにつくると，解が無かったり，複数の解をもってしまう．本章で紹
介したアルゴリズムは，解を列挙することにより，解の一意性をチェックすること
ができるため，パズル作家のアシスト用ツールとして用いることができる（格子グ

ラフの性質や問題の性質を活かして，より高速なアルゴリズムを開発することができる）．さらに，フロンティア法を用いることで，解が一意となるパズルの問題自体を列挙することもできるが，これは文献 [2] を参照されたい．また，本章の手法はナンバーリンクやスリザーリンクだけでなく，他のリンクパズルへの応用が期待できる．こうしたアルゴリズムの高速化や他のリンクパズルへの応用にも，ぜひ挑戦してみてほしい．

　本章では，ナンバーリンクやスリザーリンクを格子グラフ上での問題として扱ってきたが，これらは格子グラフとは限らない一般的なグラフ上の問題としてもみることができる．まず，ナンバーリンクは，任意のグラフとそのグラフから複数の端点対が与えられ，その端点対が両端となる複数の経路（ただし，任意の二つの経路は互いに頂点を共有しない）を求める問題となる．一方，スリザーリンクでは，辺数制約は単位正方形を構成する4辺のうちサイクルの構成に使用する辺の数が指示されるが，これも任意のグラフに任意の辺の部分集合に対して使用する辺の数を指示する問題に一般化できる．

　今回紹介したナンバーリンクとスリザーリンクのアルゴリズムは，格子グラフである性質を使っていないので，一般のグラフに対しても同じように動作する．ナンバーリンク自身は電子機器における基板の配線問題への応用が知られているが，グラフを一般化することでインターネットプロバイダネットワークにおける最良通信経路を求めることなども考えることができる[1]．また，スリザーリンクの一般化した問題を応用することで，コストの高い辺を通る回数を制限したり，特定の辺を必ず使用する経路を求めたりなど，特定の経路のみを抽出することができる．フロンティア法によるパズルのアルゴリズムを，単にパズルを解いて楽しむという面だけでなく，パズルを一般化した問題として考えることで，これらのアルゴリズムをさまざまな問題へと応用することが期待できる．

☐ 第5章の関連図書・参考文献

[1] 斎藤寿樹, 川原 純, 吉仲 亮, 井上 武, 湊 真一. 高速なパスの列挙アルゴリズムを用いたネットワークの信頼性評価. 信学技報, IN2011-55, pp. 57–62, 2011.

[2] R. Yoshinaka, T. Saitoh, J. Kawahara, K. Tsuruma, H. Iwashita, S. Minato. Finding all solutions and instances of numberlink and slitherlink by ZDDs. *Algorithms*, 5, 176–213, 2012.

電力網解析への応用

執筆担当：井上　武

　発電所で生まれた電力は，電力網を経由して各家庭に供給される．電力網は多数のスイッチを備え，その開閉状態を切り替えて供給路を決定している．この章では電力網をグラフによって表現し，グラフ列挙アルゴリズムを用いて安全な供給路を発見する方法を述べる．

6.1　問題の概要

　電力網は我々の生活を支える重要なインフラであり，ひとたび事故が発生すると社会的に大きな影響をもたらす．そのような事故を避け，安全に電力を供給するために，電力網はいくつかの複雑な制約条件を満たさなければならない．

　電力網は，数万ボルト以上の高電圧で発電所と変電所をつなぐ**送電網**と，一般家庭や事業所に低電圧の電力を供給する**配電網**に分けられる（図 6.1）．ここでは配電

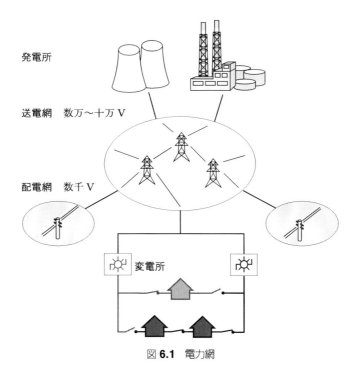

発電所

送電網　数万〜十万 V

配電網　数千 V

変電所

図 **6.1**　電力網

網を対象とする.

　配電網にはいくつかの変電所があり，各変電所から家庭に電力を供給する．網内には多数のスイッチが備えられ，その開閉状態を切り替えて，電力の供給路を決める．電気を流すためには，豆電球を電池の両端につないで輪をつくるように，電線を回路状にして電気が戻ってこられるようにする必要がある．しかし，ここでは簡単のために復路を無視し，電気の流れを水のような一方通行の流れとみなす．つまり，電力は変電所で生まれ，電線に沿って分岐し，各家庭に吸い込まれていくと考える（図 6.2）．供給路のスイッチが閉じていればその先に電気が流れ，開いていれば流れない．スイッチの開閉状態を配電網の**構成**と呼ぶ．スイッチを切り替えて構成を変更することで，電力供給路はさまざまに変化する（図 6.3）．スイッチ数を n とすると，構成の総数は 2^n となる．現実の配電網は n が数百に及ぶため，構成の総数は天文学的な数になる．

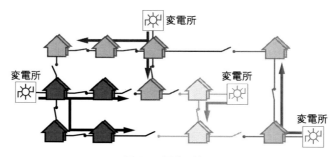

図 **6.2**　電力の流れ

　停電を回避し，適正な品質の電力を供給するために，配電網の構成はいくつかの制約条件を満たさなければならない．まず，すべての家庭はいずれかの変電所から給電されなければならない．図 6.3（c）のように，どの変電所からも電力が供給されずに停電している家庭があってはならない．また，供給路にループがあってはならない．図 6.3（d）は，上の変電所からの供給路がループしている．なお，図 6.1 のように変電所は送電網で互いにつながれているため，配電網の下部でもつなぐとループになってしまう点に注意すること．このように，供給経路の形状によって定義される制約条件を**構造制約**と呼ぶ．

　さらに，各変電所には供給可能な最大電力が定められており，それを超えると電線が焼き切れるなどの事故につながる．ここでは簡単のために各家庭の消費電力は同じとし，供給可能な家庭数を定める．たとえば，供給可能な家庭数を 4 とすると，

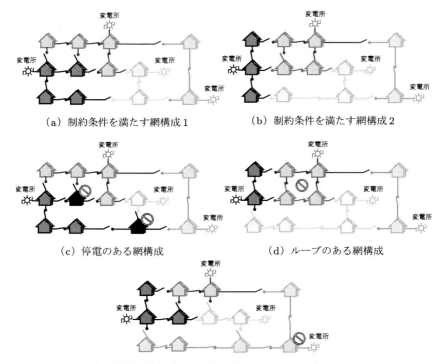

（a）制約条件を満たす網構成 1　　　　（b）制約条件を満たす網構成 2

（c）停電のある網構成　　　　（d）ループのある網構成

（e）供給可能な電力を超える変電所のある網構成

図 **6.3**　さまざまな構成と電力供給路

図 6.3（e）の構成の右下の変電所は五つの家庭に供給しているため，危険な状態にあるということになる．このような電気的制約条件を**電気制約**と呼ぶ．

　次節では，グラフ列挙アルゴリズムを用いて配電網の解析を行う．まず，構造制約と電気制約をともに満たすすべての構成を求める．そのような実行可能構成は膨大な数になるが，第 3 章で説明した「圧縮」によってすべてを列挙できるようになる．続いて，現在の配電網が制約を満たさない危険な構成をとっているとし，最も少ない数のスイッチを切り替えて安全な実行可能構成に移行する方法を考える．「索引化」を利用することで，膨大な数の実行可能構成を一つずつ比べることなく，最も適した構成を発見できる．最後に，実行可能構成を一つも実現できなくするような配電網の故障パタンを調べ，残さず列挙する．膨大な数の構成に共通する特徴をまとめて調べ上げる方法を紹介する．

6.2 グラフ問題への対応づけ

　フロンティア法を用いて配電網を解析するために，配電網をグラフとして表現する（図 6.4）．変電所と家庭をグラフの頂点とし，スイッチをグラフの辺とする．このグラフを，フロンティア法で説明した「全体グラフ」とする．ここで，スイッチがオンであればグラフの辺をそのまま残し，オフであれば辺を除去する．すると，配電網がとるそれぞれの構成は，全体グラフの部分グラフとして表現できる．これでフロンティア法を適用する準備ができた．

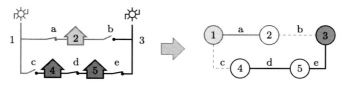

図 **6.4**　配電網のグラフ表現

　まず，構造制約を満たす部分グラフの条件を考える．6.1 節で述べたように，供給路にループがあってはならない．これは，森（非連結な木の集合）と呼ばれる種類の部分グラフになる．また，すべての家庭はいずれか一つの変電所から給電されなければならない．これは，森を構成する各木が一つの変電所頂点を含み，すべての家庭頂点がいずれかの木に属していなければならないことを意味する．木の根として変電所頂点を指定し，森によってグラフ全域が覆われるため，**根付き全域森**と呼ばれる（図 6.4 右はその例）．フロンティア法を使えば，すべての根付き全域森を列挙し，構造制約を満たす部分グラフの集合が得られる．ただし，このようにして列挙した部分グラフは任意の大きさの木を含むため，電気制約を満たすとは限らない（図 6.3（e）の右下の変電所のように）．

　次に，電気制約を満たす森の条件を考える．6.1 節で述べたように，各変電所は，指定された数を超える家庭には給電できない．たとえば，図 6.4 の配電網は，変電所あたり二つまでの家庭にしか給電できないとする．図 6.4 の例はこの制約条件を満たすが，図 6.5（左）のように右側の変電所が家庭 2 にも給電すると，条件を満たさなくなる．電気制約を満たす森だけを選択するために，構造制約を満たす森の集合から，上限を超える大きな木を含む森を除去する．フロンティア法は辺の数を指定して木を列挙できる．また，グラフ集合演算によって，大きすぎる木を含む森だけを除去することもできる．このように，フロンティア法とグラフ演算を用いて，複雑な制約条件を満たす部分グラフ集合を求められる．

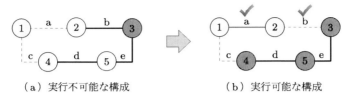

（a）実行不可能な構成 （b）実行可能な構成

図 **6.5** スイッチを切り替えて実行可能構成に移行

　ここまでに，実行可能なすべての部分グラフの集合を求めた．この集合に対する包含判定を行えば，ある部分グラフが実行可能であることを簡単に検査できる．ここで，現在の配電網構成を表す部分グラフを検査したところ，実行可能ではないとわかったとしよう．このようなときは，事故を回避するために，なるべく早く実行可能な構成に移行しなければならない．図6.5のように移行前後の構成を部分グラフとして考えると，辺の状態が異なるスイッチを切り替えれば，新しい構成に移行できる．移行に必要な最小スイッチ切替数を求める問題は，最適化問題として定義できる．すなわち，ある部分グラフが与えられたとき，それとの違いが最小となる実行可能解を発見すればよい．

　これを実行するためのグラフ集合演算は次のようなものである．この方法では，各辺に重みを与え，合計重みを最小あるいは最大にする部分グラフを選択できる．そこで，辺の状態が異なるときに（スイッチ切替が必要なときに）重みが小さくなるような設定を行い，合計重みを最大にする部分グラフを求めれば，それは最小のスイッチ切替数で移行できる実行可能構成を表す．具体的には，下表のように重みを設定する．

移行前 \ 移行後	辺なし	辺あり
辺なし	0	−1
辺あり	0	1

このようにすることで，移行前後で辺の状態が異なるときに，より小さな重みが与えられる．たとえば，移行前の部分グラフに辺がない場合，移行後も辺がなければ0，辺があれば −1 であり，状態が異なる場合に重みが小さくなっている．移行前に辺がある場合も同じである．なお，辺が存在しないときの重みは 0 でなければならない．このように，目的関数を辺の重みの合計として表現することで，実行可能部分グラフ集合から最適な部分グラフを選択できる．

　最後に，安全な電力供給を妨げるような深刻な事故を考える．ここでは，スイッ

チが故障すると（あるいは近傍の電線が切断されると），そこに電気を流せなくなり，供給路として使えなくなるとする．部分グラフで考えると，故障スイッチに対応する辺をつなげなくなるということになる．同時に多くの故障が発生すると，実行可能構成を一つも実現できなくなるかもしれない．そのような危険な故障の組合せを漏れなく列挙することを考えよう．

　実行可能な構成を一つも実現できないということは，どの構成を選んでも，電気を流すために利用するスイッチが一つ以上故障してしまっているということである．図 6.6 は四つの実行可能な構成をもつ例であり，いずれの構成もスイッチ a あるいは b のどちらかを利用している．つまり，スイッチ a と b の両方が故障すると，どの構成も実現できなくなる．同様に，スイッチ a と c が故障したり，スイッチ b と e が故障しても，実現できる構成がなくなる．一般に，すべての実行可能解に共通する部分集合は hitting set あるいは blocking set と呼ばれる．グラフ集合演算は，hitting set の列挙が可能である．なお，極小な部分集合があれば，そのスーパーセットは任意に生み出せるため，極小集合のみを求めればよい．図 6.6 の例であれば，スイッチ a, b, c が同時に故障すると実行可能構成を実現できなくなるが，これはスイッチ a, b という故障組合せからわかることなので，a, b という組合せ

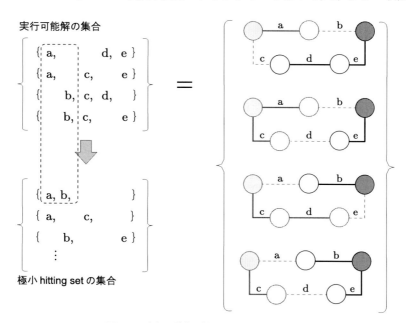

図 **6.6**　実行可能解がなくなる故障の組合せ

がわかれば十分である.

6.3　Graphillion を用いた実践

6.2 節で説明した処理を Graphillion で実行する. いつものように, Graphillion モジュールをインポートしておく.

```
1  >>> from graphillion import GraphSet
2  >>> import graphillion.tutorial as tl
```

Graphillion は任意のグラフを配電網として扱える. ここでは, 8×8 の格子グラフからいくつかの辺を取り除いたグラフを用い, 四隅に変電所を設置する (図 6.7). 次のようにして配電網グラフを生成し, 全体グラフに設定する.

```
1  >>> universe = tl.grid(8, 8, 0.37)
                          # 8 × 8 の格子から 37% の辺を無作為に除去
2  >>> substations = [1, 9, 73, 81]         # 変電所のある頂点
3  >>> GraphSet.set_universe(universe)       # 全体グラフを設定
4  >>> tl.draw(universe)
```

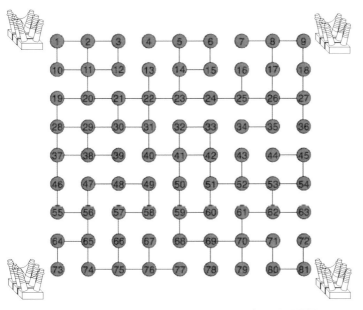

図 **6.7**　Graphillion が用いる配電網

　まず，構造制約を満たす構成を列挙するために，変電所を根とする全域森を列挙し，その集合を得る．

```
1  >>> # 構造制約を満たす森
2  >>> forests = GraphSet.forests(roots=substations, is_spanning=True)
3  >>> len(forests)
4  54060425088
5  >>> tl.draw(forests.choice())
```

ここでは，forests クラスメソッドを用いて森を列挙している．最初の引数 roots に根となる変電所を指定し，次の引数で全域 (spanning) であることを明示する．構造制約を満たす森の数は 54060425088（約 540 億）もあるが，一瞬で列挙できたのではないかと思う．

　続いて，電気制約を満たさない森を除去する．なお，各変電所から給電可能な最大家庭数を 23 とした．

```
1  >>> too_large_trees GraphSet.trees().larger(23)        # 大きすぎる木
2  >>> safe_forests = forests.excluding(too_large_trees)
                                                          # 大きすぎる木を除去
3  >>> len(safe_forests)
4  294859080
5  >>> tl.draw(safe_forests.choice())
```

trees クラスメソッドで木を列挙し，さらに larger メソッドで大きすぎる木のみを選択している．larger メソッドは，指定された数より多くの辺を含む部分グラフを選択する．木では，根を除いた頂点の数と辺の数が等しいため，この例のようにして大きすぎる木を選択できる．最後に，excluding メソッドで，大きすぎる木を含む森を除去する．このようにして，実行可能な森の集合 safe_forests を得る．実行可能な森は 294859080（約 2.9 億）もある．

　ここで，次のようにして制約を満たさない森を得ておく．

```
1  >>> unsafe_forest = (forests - safe_forests).choice()
                                                    # 実行可能ではない森
2  >>> unsafe_forest in safe_forests               # 実行可能性を検査
3  False
4  >>> tl.draw(unsafe_forest)
```

さらに，in 演算子を用いて，実行可能ではないことを確認した．図6.8 はそのような構成の例である．頂点1 にある変電所は，供給可能な23 を大幅に超えてほとんどの家庭に給電しており，これはとても危険な状態である．

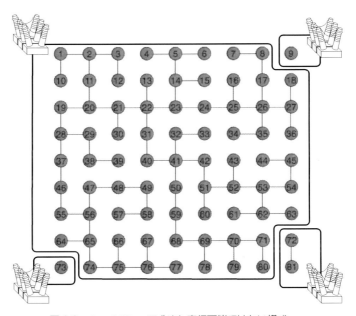

図 **6.8** Graphillion で求めた実行可能ではない構成

続いて，最も少ない数のスイッチを切り替えて，安全で実行可能な構成に移行する．

```
1  >>> weights = {}                                        # 辺の重み
2  >>> for switch in universe:
3  ...      # 辺が存在すれば重みは 1, しなければ -1
4  ...      weights[switch] = 1 if switch in unsafe_forest else -1
5  ...
6  >>> # スイッチ切替数の少ない方から順に取得
7  >>> for forest in safe_forests.max_iter(weights):
8  ...      tl.draw(forest)
9  ...      break
10 ...
```

6.2 節で述べたように各辺の重みを設定し，max_iterator イテレータ[1]を用いて，合計重みの大きいほうから順に森を取得する．このようにして，2.9 億の森から最適なものを発見できる．図 6.9 は，図 6.8 から最小のスイッチ切替回数（8 回）で移行可能な実行可能構成である．

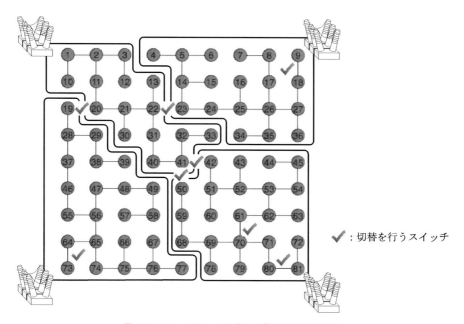

図 **6.9** Graphillion で求めた最適な移行先構成

最後に，実行可能な構成をなくしてしまう故障の組合せを求める．

```
1  >>> failures = safe_forests.blocking().minimal()  # 故障の組合せの集合
```

blocking メソッドでそのような故障の組合せを列挙し，minimal メソッドで極小な組合せのみを選択する．このようにして，2.9 億の実行可能な森を一つも実現できなくしてしまう故障の組合せを，漏れなく求めることができる．試しに，故障の組合せを適当に選び，組合せに含まれる辺をすべて取り除くと，実行可能な部分グラフがなくなっていることを確認できる．

---

1. イテレータは，集合の要素を特定の順序で取り出す手段であり，Python を含む多くのプログラミング言語でサポートされている．

```
1 >>> failure = failures.choice()              # ある故障の組合せ
2 >>> for switch in failure:         # 組合せに含まれる辺をすべて除去すると
3 ...      safe_forests = safe_forests.excluding(switch)
4 ...
5 >>> len(safe_forests)                         # 実行可能な構成はない
6 0
```

6.4 まとめ

　電力網のように重要なインフラは事故による影響が大きいため，漏れのない厳密な解析手法が求められる．グラフ列挙アルゴリズムは，近似なしに複雑な制約条件を扱えるため，停止してはならない重要なシステムの解析に適している．4.5 節で説明する避難所の割り当て問題も，そのような解析例である．

　なお，本書では紙面の都合上，電気的な条件を簡易化して扱った．実際の配電網は三相交流と呼ばれる複雑な送電方式を使っており，電圧や位相に関する制約条件も考慮しなければならない．また，送電損失を最小化するときは，非線形の目的関数を扱うことになる．グラフ列挙アルゴリズムの工夫によって，このような現実的で複雑な条件にも対応できる．興味のある読者は原著論文 [1] を参照されたい．

　本章では簡単のためスイッチ故障を対象としたが，配電網で発生する主な故障は電線の切断である．このため，故障したスイッチの組合せを電線の組合せに読み替えなければならない．論文 [2] では，グラフ列挙アルゴリズムを用いることで，実行可能な構成をなくしてしまう電線故障の組合せのみを選択する方法を議論している．

　この章で紹介したアプローチは，電力網に限らず，幅広く応用できると考えている．とくに，グラフの種類や大きさとして制約条件が与えられ，合計重みを最小あるいは最大にする部分グラフを求めたり，それらの共通要素 (hitting set) を列挙する問題には，ほぼそのまま適用できるだろう．

□ 第 6 章の関連図書・参考文献

[1] T. Inoue, K. Takano, T. Watanabe, J. Kawahara, R. Yoshinaka, A. Kishimoto, K. Tsuda, S. Minato, and Y. Hayashi. Distribution loss minimization with guaranteed error bound. *IEEE Trans. Smart Grid*, 5(1):102–111, 2014.

[2] T. Inoue, N. Yasuda, S. Kawano, Y. Takenobu, S. Minato, and Y. Hayashi. Distribution network verification for secure restoration by enumerating all critical failures. *IEEE Trans. Smart Grid*, 2014. `http://dx.doi.org/10.1109/TSG.2014.2359114`.

鉄道経路探索への応用

執筆担当：羽室行信，前川浩基，丸橋弘明

目的地となる駅を入力すると，その駅にたどり着くための経路や所要時間を教えてくれるインターネットサービスを利用している人は多いだろう．しかし，目的地にたどり着くための経路は一つではない．では，その経路は全部で何通りあるだろうか．また，その中でもっとも遠回りとなるのはどのような経路であろうか．本章では，このような問題を解くためにグラフで表現された JR 鉄道網から，さまざまな条件を満たす経路を探索する方法を紹介する．

7.1 はじめに

日本は明治期より世界屈指の鉄道網を構築してきた．1978 年には，国鉄だけに限っても総延長 21011.7 km，総駅数 5137 に達していた[1]．民営化以降その数字は小さくなってはいるものの，現在においても総延長 19901.3 km，総駅数 4585 で全国を網の目状に，その路線を張り巡らせている．

それ故に鉄道網における経路探索の技術は，実用的な応用を中心に発展をとげてきた．たとえば，一般的な路線検索サイトでは，鉄道網を一般グラフとして表現し，時間や料金を辺の重みとして最短路問題を解いており，鉄道網の発達した都市部においては，いまや欠くことのできないサービスにまで発展している．

一方で，学術的には，全国の JR 鉄道網における「最長片道切符」の探索が行われてきた[2-4]．「最長」の探索は，一般の人々にとっては全く実利的ではないが，できるだけ安い料金で長い旅を楽しみたい鉄道ファンに大きく支持されている．最長片道切符の探索は，JR の全国路線図を一般グラフで表現し，辺の重みとして営業距離を設定し，2 駅間の総距離が最長となるような一筆書き経路を求める問題である．

さらに条件を一般化して，辺の重みにさまざまな条件を付加することで，異なる経路の探索も可能となる．たとえば，できるだけ多くの駅を通る経路，単線をできるだけ多く通る経路などである．これらの問題は，Graphillion を用いることで簡単に解くことができる．たとえば，最北端の稚内駅より，最南端の西大山駅までの経路数は，実に 1,112,870,539,692,503,649,611,518,720（1112 秭 8705 垓 3969 京 2503 兆 6496 億 1151 万 8720）通り存在し，その中で，最長路は 10337.3 km（2651

駅），最短路は 2820.2 km（645 駅），そして最も多くの駅を経由する経路で 2683 駅，最も少ない駅で 636 駅を経由する経路である．最長路（最短路）と最多駅経路（最少駅経路）で経路が異なるのは興味深い．

本章では，以上のような鉄道網における経路探索をグラフ列挙アルゴリズムにより実現する方法について紹介する．

7.2 大都市近郊区間とは

JR の運賃は，実際の乗車経路の距離によって決まるというのが原則である．しかし JR 各社が定める「大都市近郊区間」内においては，実際の乗車経路にかかわらず，発駅・着駅間の最短経路によって運賃を決めるという特例がある．東京・新潟・大阪・福岡の 4 都市において設定された大都市近郊区間（2014 年 1 月現在）を図 7.1（a）〜（d）に示す．

この特例を利用した遊びとして，なるべく安く，なるべく長く電車旅を楽しもう

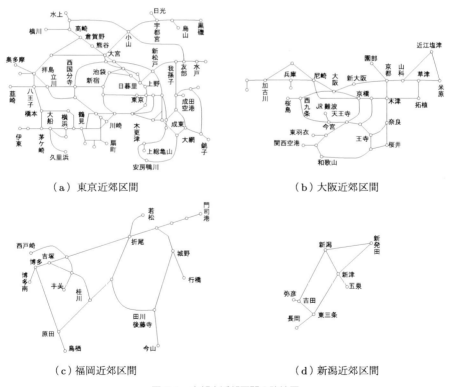

（a）東京近郊区間 　　　　　　（b）大阪近郊区間

（c）福岡近郊区間 　　　　　　（d）新潟近郊区間

図 **7.1** 　大都市近郊区間の路線図

という「大都市近郊区間大回り」がある．たとえば，東京駅から隣の神田駅までの運賃は 140 円であるが，千葉駅・大宮駅・横浜駅を "経由" して大回りしても構わないのである．

　ただし，この大回り旅の途中では，同じ駅を 2 度通ることはできない（同じ駅を 2 度通ると，運賃計算の特例が適用されない）．

7.3　Graphillion を用いた経路探索

7.3.1　データとスクリプト

　駅を頂点，駅の接続関係を辺とした路線図を Graphillion に全体グラフとして設定する．路線図としては，東京，大阪，福岡，新潟の JR 大都市近郊区間，および全国 JR 網の五つで，それぞれについて，全駅を対象とした CSV データと接続駅のみを対象とした CSV データを用意している．これらの CSV データでは，各行がグラフの辺（頂点ペア）に対応している．表 7.1 に利用可能なデータ一覧を示す．データは http://www-erato.ist.hokudai.ac.jp/ekillion よりダウンロードできる．なお本データは，「駅データ.jp」(http://www.ekidata.jp) が無償で配布するデータを加工したものである．

表 **7.1**　路線データ一覧

路線	全駅の路線	接続駅のみの路線
東京	tokyo.csv	tokyo_mini.csv
大阪	osaka.csv	osaka_mini.csv
福岡	fukuoka.csv	fukuoka_mini.csv
新潟	niigata.csv	niigata_mini.csv
全国	japan.csv	japan_mini.csv

　データ項目は全ファイル共通で，「駅コード 1，駅コード 2，営業距離」の 3 項目から構成される．頂点名として日本語の駅名を利用できればわかりやすいが，同名の駅が多く存在するために（たとえば「大久保」駅は，新宿の隣，西明石の隣，そして秋田に存在する），以下の例では駅コードを頂点名として利用している．また駅コードに対応する「駅名，路線名，経度，緯度」を示したデータも用意している (stations.csv)．表 7.2 に各近郊区間のグラフ統計を示しておく．

　さらに，本節の説明のために便利な関数をいくつか含んだ Python スクリプト (eki.py) を用意している．表 7.3 に eki.py が提供する三つの関数の概略が示されている．より詳しい利用法については，スクリプトを読み込んだ後に ekiHelp() 関

表 **7.2**　各近郊区間のグラフ統計

近郊	全駅路線図			接続駅路線図		
区間	頂点数	辺数	総距離 (km)	頂点数	辺数	総距離 (km)
東京	623	653	2,055.6	72	101	2,037.9
大阪	355	364	941.0	26	34	924.3
福岡	128	131	323.0	19	22	323.0
新潟	58	59	174.2	7	7	159.0

表 **7.3**　eki.py が提供する三つの関数

関数名	内容
getRoute(path)	辺リスト path で与えられた経路を頂点リストに変換する.
ekiPlot(univ, path=None)	駅の緯度経度を初期値として, 全体グラフ univ を NextworkX ライブラリのバネモデルレイアウトを用いて描画する. 経路 path を与えれば, その経路を強調表示する. その他に, グラフ配置や頂点と辺のサイズの変更なども可能.
sumWeight(path,weights)	経路 path を weights に登録された重みによって集計する.

表 **7.4**　eki.py を実行することで設定される四つの変数

変数名	内容
names	駅コードを要素とした駅名リスト
codes	駅名を要素とした駅コードリスト
lines	駅コードを要素とした路線名リスト
gps	駅コードを要素とした（経度, 緯度）タプルリスト

数を呼び出すことで参照できる.

　また eki.py を実行すると, 駅データ stations.csv が読み込まれ, 表 7.4 に示される変数が設定される. 表 7.3 に示された各関数は, これらの変数の利用を前提としている.

7.3.2　東京近郊区間路線図における経路探索

　以下では, 接続駅のみの東京近郊区間の路線図 (tokyo_mini.csv) を全体グラフとした経路列挙の例を紹介する. まず, Graphillion で路線データを処理するにあたって, Graphillion モジュールと eki.py スクリプトを読み込んでおく.

```
1  >>> from graphillion import GraphSet
2  >>> execfile("eki.py")
```

　次に, CSV データを読み込み, Graphillion の全体グラフとして設定する.

ekiPlot() 関数を用いて描画された概略図が，図 7.2 に示されている．

```
1  >>>  import csv                    # CSV データの読み込みで使うパッケージの読み込み
2  >>>  univ=[]
3  >>>  csvfile=open("tokyo_mini.csv")
4  >>>  for row in csv.reader(csvfile):
5  ...      univ.append((row[0],row[1]))                # 辺リストの作成
6  >>>  csvfile.close()
7  >>>  print len(univ)                                 # 辺のサイズは 103
8  103
9  >>>  GraphSet.set_universe(univ)                     # Graphillion 全体グラフの生成
10 >>>  ekiPlot(univ)                                   # 全体グラフの描画
```

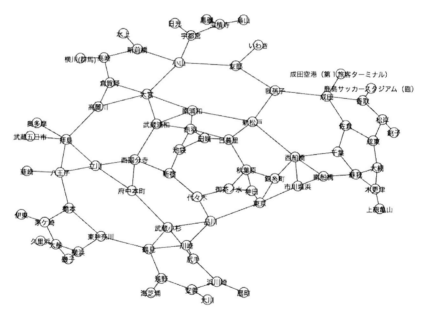

図 **7.2** ekiPlot 関数によって描画された東京近郊区間路線図．各駅の緯度・経度で頂点を初期配置し，バネモデルによって再配置している．

以上のように設定した東京近郊区間の全体グラフに対して，paths() 関数を使い品川（駅コード：1130101）と東京（駅コード：1130103）間の全経路を列挙した例を以下に示す．その経路数は約 415 万通りあることがわかる．それらの組合せの中から max_iter() 関数を使い，最大の重みをもつ経路を取得する．ここでは辺に重

みを設定していないので，すべての辺にデフォルト値1.0が設定され，結果として駅数の多い順に経路が取得される．

得られた経路を辺リストとしてそのまま出力してもよいが，それだと経路順に整列されておらず，また辺リストであるが故に重複して表示される頂点がみにくい．そこで，getRoute()関数を用いることで，頂点の順序リストとして取得できる．またekiPlot()関数を使い，路線図上にその経路を強調表示させることができる（図7.3）．

```
1  >>> print codes[u"品川"]
2  1130103
3  >>> print codes[u"東京"]
4  1130101
5  >>> paths=GraphSet.paths("1130101","1130103")
                                    # この一文で全経路が列挙される
6  >>> print paths.len()           # 列挙された経路数は 4152859
7  4152859
```

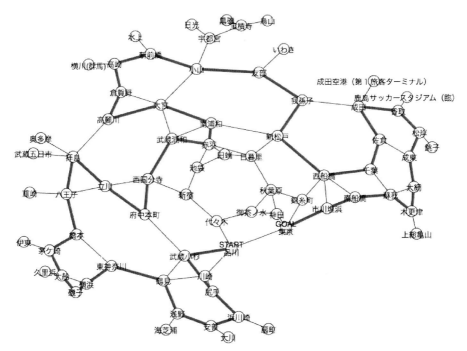

図 **7.3** 東京近郊区間における品川 – 東京間の駅数最多経路.

```
8  >>> mi=paths.max_iter()          # 全経路について重み合計降順のイテレータ
9  >>> route=mi.next()                      # 最大の重みの経路を一つ取り出す
10 >>> len(route)                                # その辺サイズは 51
11 51
12 >>> print ",".join(getRoute(route, mode=2))
                                    # getRoute で経路を頂点リストに変換する
13 品川, 川崎, 尻手, 浜川崎, 安善, 浅野, 鶴見, 東神奈川, 横浜, 磯子, 大船, 茅ケ崎,
14 橋本, 八王子, 拝島, 立川, 府中本町, 西国分寺, 武蔵浦和, 大宮, 高麗川, 倉賀野,
15 高崎, 新前橋, 小山, 友部, 我孫子, 新松戸, 南浦和, 赤羽, 日暮里, 田端, 池袋, 新宿,
16 代々木, 御茶ノ水, 神田, 秋葉原, 錦糸町, 西船橋, 千葉, 佐倉, 成田, 香取, 松岸,
17 成東, 大網, 木更津, 蘇我, 南船橋, 市川塩浜, 東京
18 >>> ekiPlot(univ,route) # 全体グラフ (univ) 上に経路 (route) を強調描画する
```

次に，駅数ではなく営業距離の合計が最大になるような経路を求めてみる．CSV
データから営業距離データを辺の重みとして読み込み，max_iter() 関数に渡して
やるだけでよい．

```
1  >>> weights={}
2  >>> csvfile=open("tokyo_mini.csv") # 営業距離を重みとして CSV から読み込む
3  >>> for row in csv.reader(csvfile):
4  ...     weights[(row[0],row[1])]=float(row[2])
5  >>> csvfile.close()
6  >>> mi=paths.max_iter(weights)
                            # 全経路について営業距離合計降順のイテレータ
7  >>> route_dist=mi.next()
8  >>> print len(route_dist)
9  47
10 >>> print ",".join(getRoute(route_dist, mode=2))
11 品川, 武蔵小杉, 尻手, 浜川崎, 安善, 浅野, 鶴見, 東神奈川, 横浜, 磯子, 大船, 茅ケ
12 崎, 橋本, 八王子, 立川, 拝島, 高麗川, 大宮, 倉賀野, 高崎, 新前橋, 小山, 友部,
13 我孫子, 新松戸, 南浦和, 赤羽, 武蔵浦和, 西国分寺, 新宿, 池袋, 田端, 日暮里, 秋葉
14 原, 錦糸町, 西船橋, 千葉, 佐倉, 成田, 香取, 松岸, 成東, 大網, 木更津, 蘇我, 南船
15 橋, 市川塩浜, 東京
16 >>> print sumWeight(route_dist,weights) # 営業距離を合計すると 997.8 km
17 997.8
18 >>> print sumWeight(route,weights) # 最多駅数経路の営業距離合計は 963.6 km
19 963.6
```

重み最大の経路の辺サイズは 47 と先ほど求めた駅数最多経路より少ないが，合計
距離は 997 km で，駅数最多経路より 34.2 km も長くなっている．たとえば品川か

ら尻手まで行く場合，川崎より武蔵小杉を経由することで距離は 2.7 km 増加する．
このような細かな差の積み重ねが 34.2 km の差になっている．

ここに，さらに制約条件を加えてみよう．品川と東京以外の山手線駅を通らない
という制約条件を設定して経路を列挙する例を示す．

```
1  >>> for ex in ["1130207","1130208","1130212","1130216","1130218",
   "1130222","1130223"]:
2  ...     paths=paths.excluding(ex)
                            # 列挙された全経路から，山手線の駅を含む経路を削除
3  >>> print paths.len()            # 経路数は 85,601 通りまで少なくなる
4  85601
5  >>> mi=paths.max_iter(weights)
6  >>> route_ex=mi.next()
7  >>> print len(route_ex)          # 山手線を通らない最長経路の辺数は 42
8  42
9  >>> print sumWeight(route_ex,weights)          # その距離は 918.2 km
10 918.2
11 >>> ekiPlot(univ,route_ex,mode=2)
```

ここでは列挙された経路から excluding() 関数を用いて七つの山手線駅を含む
経路を除外している．その結果，約 410 万通りあった経路数が約 1/5 にまで減少し
ていることがわかる．

7.3.3　全国路線図における経路探索

最後に，冒頭に紹介した稚内 – 西大山間の経路を列挙してみる．このときは，辺
のサイズも 4646 となり，列挙に時間を要するであろう．筆者の PC で 10 分程の時
間を要したものの，10^{27} 通りを超える経路の全列挙が市販の PC で容易に実現でき
ることは驚くべきことである．興味をもった読者は，今回紹介したデータを用いて
さまざまな列挙を楽しんでもらいたい．

```
1  >>> univ=[]
2  >>> weights={}
3  >>> csvfile=open("japan.csv")                # 日本全体の路線を読み込む
4  >>> for row in csv.reader(csvfile):
5  ...     univ.append((row[0],row[1]))
6  ...     weights[(row[0],row[1])]=float(row[2])
7  >>> csvfile.close()
```

```
 8  >>> print len(univ)                                # 辺サイズは 4646
 9  4646
10  >>> GraphSet.set_universe(univ)
11  >>> paths=GraphSet.paths("1111553","1193021")           # 稚内-西大山
12  >>> print paths.len()                          # 列挙された経路数
13  11128705396925036496115187 20
14  >>> mi=paths.max_iter()                                # 最多駅数経路
15  >>> route_jp=mi.next()
16  >>> print len(route_jp)            # 最多駅数経路上の駅数は 2683(2683+1)
17  2682
18  >>> print sumWeight(route_jp,weights)       # その営業距離は 10262.6 km
19  10262.6
20  >>> mi=paths.max_iter(weights)                            # 最長経路
21  >>> route_jp_dist=mi.next()
22  >>> print len(route_jp_dist)           # 最長経路上の駅数は 2651(2650 + 1)
23  2650
24  >>> print sumWeight(route_jp_dist,weights)   # その営業距離は 10337.3 km
25  10337.3
26  >>> ekiPlot(univ,route_jp_dist,node_size=1,mode=0,k=0.0005,ewidth=2)
```

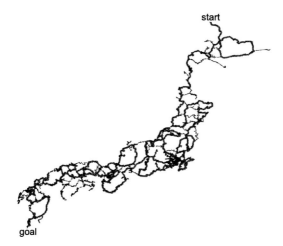

図 **7.4** 　稚内 - 西大山間の最長経路. 約 10^{27} 通りの経路の中で最長 10337.3 km となるルートを太線で表示している.

7.4　実験：さまざまな「最高」を達成する経路を求める

　前節では，始点と終点を固定した列挙について紹介してきた．本節では，任意の頂点ペアを始点と終点として，最長経路と最多駅経路を求めた実験例を紹介する．その方法は至って単純で，全頂点ペアについて経路列挙を実施し最大値を計算するというものである．ただし，この方法を全国路線図に適用すると膨大な時間がかかるため，ここでは 4 都市の近郊区間に対してのみ実験を行った．

　まず，ある駅から隣の駅までの経路（すなわち初乗り運賃で乗車可能な経路）について，その経路数，距離，駅数のそれぞれが最大となる駅ペアを各近郊区間別に表 7.5 に示している．

表 **7.5**　隣接駅を始点終点とした場合の最多経路，最長経路，最多駅経路をもつ駅ペア

近郊区間	最多経路		最長経路		最多駅経路	
	駅ペア	経路数	駅ペア	距離 (km)	駅ペア	駅数
東京	布佐–木下	9,427,117	浅野–安善	1,016.8	浅野–安善	340
大阪	東淀川–新大阪	103	河内永和–俊徳道	557.0	河内永和–俊徳道	208
福岡	香椎–九産大前	9	香椎–九産大前	165.2	香椎–九産大前	66
新潟	田上–矢代田	3	田上–矢代田	121.0	田上–矢代田	41

　この結果を利用することで，いわゆる「大都市近郊区間大回りの旅」を，さまざまな「最高」を達成する区間において楽しむことができる．ただし，列挙された経路が，実際に 1 日で回りきれるかどうかの確認はとっていないことに注意されたい．

　次に，隣接駅に限らず，任意の 2 駅を始点終点とした場合についての結果を表 7.6 に示す．隣接駅とは違い，東京近郊区間において，最長経路と最多駅経路が異なっている．これは，久留里線という，短い距離の割に駅数が多めの盲腸線（片方の終点が他の路線と接続していない行き止まりの路線）がゴールに選ばれているためである．

表 **7.6**　任意の 2 駅を始点終点とした場合の最多経路，最長経路，最多駅経路をもつ駅ペア

近郊区間	最多経路		最長経路		最多駅経路	
	駅ペア	経路数	駅ペア	距離 (km)	駅ペア	駅数
東京	本郷台–東十条	28,328,716	いわき–韮崎	1,201.3	南橋本–上総亀山	390
大阪	栗東–塚口	392	難波–塚口	743.5	難波–塚口	286
福岡	原町–東水巻	16	今山–水巻	212.0	今山–水巻	85
新潟	越後石山–長岡	4	北三条–長岡	142.2	北三条–長岡	48

7.5　Ekillion

　以上に紹介した鉄道網における経路探索をWeb上で誰もが気軽に使用できるサービス「Ekillion(えきりおん)」を公開している (`http://www-erato.ist.hokudai.ac.jp/ekillion`). このサービスのバックエンドでは，本章で紹介したPythonスクリプトが動作しており，フロントエンドでは，経路探索の結果をGoogle社が提供するGoogleMap上にプロットすることで，実マップ上での経路の確認が可能となっている．図7.5に，東京近郊区間における東京から品川までの最長経路の探索をEkillionで実施した様子を示す．

図7.5　東京－品川の検索結果画面

　Ekillionには，以下に示されるようなさまざまな工夫を取り入れている．ぜひとも試していただき，Graphillionによる経路列挙アルゴリズムを実感してもらいたい．

- 全体グラフとして東京，大阪，福岡，新潟の四つの近郊区間を選択できる．
- 始点駅と終点駅は，路線別に地図上で確認しながら選択できる．
- 重みとして，駅数，営業距離，GPS距離，単線，海抜高度，名駅100選，駅弁販売駅から一つを選択できる．
- 探索条件として，経路に含める駅，含めない駅を複数指定することができる．
- 列挙された経路は，重みの昇順／降順で上位指定件数を選択表示できる．

- 経路リスト上の全駅を表示するとともに，各駅の地図上での位置を確認できる．
- レスポンスの向上のために，Graphillion オブジェクトのシリアライズや，検索結果のキャッシングなどの技術を用いている．

7.6 まとめ

本章では，Graphillion の鉄道経路の探索への応用について紹介してきた．鉄道網における経路の探索については，これまで整数計画法を中心として高速な手法がいくつか提案されてきた．それに対して，本章で紹介した Graphillion を用いる利点は，整数計画法などの特殊な知識を必要とせず，経路データと重みデータさえ用意すれば，誰でも容易にさまざまな制約条件を満たす経路を求められることにある．たとえば，Ekillion においては，「単線」区間をできるだけ多く通る経路や「駅弁」を販売している駅をできるだけ多く通る経路などを求めることも可能である．これも，単純に「単線」と「駅弁」の重みデータを用意するだけで実現できるのである．この気軽さを皆さんもぜひとも体感してもらい，さらには，この気軽さを実現しているアルゴリズム研究に少しでも興味をもっていただければと期待している．

□ 第 7 章の関連図書・参考文献

[1] 宮脇俊三．最長片道切符の旅，新潮社，1983.

[2] 山路航太，林 宏明．チャレンジ最長片道きっぷ．オペレーションズ・リサーチ，39，674–676，1994.

[3] 宮代隆平，葛西隆也．最長片道切符．オペレーションズ・リサーチ，49，15-20，2004.

[4] 堀山貴史．最長路問題と最大経路差問題 ―その解法と JR 大都市近郊区間大回りへの応用―．日本オペレーションズ・リサーチ学会秋季研究発表会アブストラクト集 2009，80-81，2009.

社会のさまざまな問題への応用

執筆担当：堀山貴史，安田宜仁

　この章では，社会のさまざまな問題をグラフの列挙問題の観点から捉え，フロンティア法に基づく列挙アルゴリズムにより問題解決を図る．以下，展開図の列挙，選挙区割りの列挙，避難所の割り当ての列挙，住宅レイアウトの列挙，しりとりの列挙の順で，各問題について説明する．これらの問題への取り組みを通して，読者の周りのさまざまな問題にアプローチするきっかけをつかんでほしい．

8.1　展開図の列挙

　展開図は，多面体を辺に沿って切り，平面に開くことで得られる多角形である．たとえば，図 8.1（a）の立方体が与えられたときに，図（b）の太線で示した辺で切り開けば，図（c）の展開図が得られる．

　展開図は，我々の身の回りのさまざまな場面で利用されている．ケーキやお菓子などの箱は，1 枚の紙を展開図の形に切り取り，それを折り曲げて組み立てる．また，板金加工で機械部品をつくるのも，展開図から立体をつくる作業といえる．携帯電話やノートパソコンのパッケージには，段ボール紙を実に巧妙に折り曲げつくられた箱が使われている．視点を宇宙にまで広げると，人工衛星の太陽電池パネルは，ミウラ折りと呼ばれる折り方で折り畳んで打ち上げられ，宇宙に出てから展開される．また，折り紙も，2 次元の紙（多くの場合は正方形）を折り畳んで 3 次元の形をつくるという意味で，展開図の仲間といえる．

　さて，一つの多面体が与えられても，その辺の切り開き方はさまざまなので，展

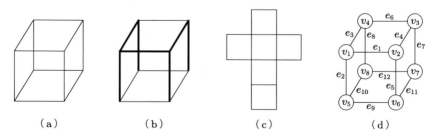

図 **8.1**　立方体とその展開図

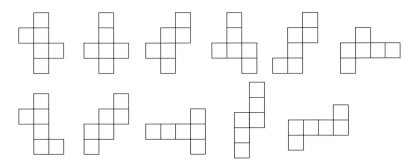

図 **8.2**　立方体の辺展開（全 11 種類）

開図もさまざまな形のものが得られる．たとえば，立方体は，図 8.2 のように 11 種類の展開図をもつ．同じ多面体をつくるのにも，展開図によって製造コストが違ってくる可能性があるので，展開図のカタログがあると便利である．そこで，多面体が与えられたときに，その展開図を列挙する問題を考える．

　また，たとえば文献 [1] では，正四面体，立方体，正八面体，正十二面体，正二十面体の全 5 種類の正多面体について，それぞれの展開図を列挙することにより，正多面体の任意の展開図に自己交差がないことを保証している．ここで，自己交差というのは面と面との重なりのことで，たとえば，図 8.3（a）のサッカーボール（角切り二十面体）を太線に沿って切り開くと，図（b）のように自己交差のある展開図となることがわかる[1]（8 面について切り開いているだけだが，残りの面をどのように切り開いても，この 8 面の関係は変わらないため，この部分だけを図で示した）．展開の仕方によっては，このように自己交差ができてしまい，1 枚の紙から多面体をつくることはできないのだが，正多面体に関しては，どのように展開しても自己交差が起こらないのである．

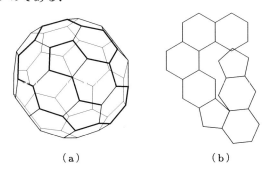

（a）　　　　　　　　　　　（b）

図 **8.3**　角切り二十面体の重なりのある辺展開

■ グラフ問題への対応づけ

　以下では，展開図を列挙する方法について，簡単に述べる．多面体が与えられたとき，その頂点と辺の接続関係をみれば，グラフとみなすことができる．これを展開図の列挙問題の全体グラフとする．たとえば，図 8.1（a）の立方体に対しては，図（d）のグラフを全体グラフとする．

　ここで，どのように辺を切れば展開図になるのだろうか？　どの頂点においても，接続する辺のうちの少なくとも一つ以上を切り開かなければ，その頂点の周りの面を開いて平面に展開することができない．つまり，どの頂点も，切り開く辺をもっていなければならない．また，もしも切り開く辺が閉路をもつならば，つまり切り開く辺をたどってぐるっと一周できるならば，この閉路が展開図を二つ以上のパーツに分断することになる．したがって，切り開く辺が閉路をもってはならない．さらに，切り開く辺が連結でなければならない（そうでなければ，多面体のどこかが切り開かれずに輪になったままで，平面に展開できない）．こうして，切り開く辺が「すべての頂点を結び，閉路をもたない連結な構造」すなわち全域木となることが，展開図となるための必要十分条件となる．たとえば，図 8.1（a）の切る辺は，確かに全域木になっている．フロンティア法による全域木の列挙については，4.4 節を参照されたい．

　さて，全域木の列挙により展開図のカタログが得られることはわかった．しかし，多面体の切り開き方について，注意深く観察してみると，図 8.4 のように切り開いても，図 8.1（c）の展開図が得られることがわかる．実際，図 8.1（b）や図 8.4 の切り開き方を含めて 24 通りの切り開き方で，図 8.1（c）の展開図が得られる．また，別の切り方の場合には，48 通りの切り開き方から同じ展開図が得られることもある．これは，グラフの辺や頂点にはラベルがついているため，たとえば，図 8.1（b）の全域木 $\{e_1, e_2, e_3, e_4, e_5, e_7, e_8\}$ と，図 8.4 の全域木 $\{e_1, e_2, e_3, e_6, e_9, e_{10}, e_{12}\}$ とは区別しているが，立方体の展開図が 11 種類というときには，ラベルを無視して同

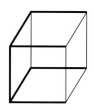

図 **8.4**　別の切り開き方でも，同じ展開図が得られる

表 **8.1** 正多面体のラベル付き展開図と非同型な展開図の個数

多面体	ラベル付き展開図の個数	非同型な展開図の個数
正四面体	16	2
立方体	384	11
正八面体	384	11
正十二面体	5,184,000	43,380
正二十面体	5,184,000	43,380

型な（つまり本質的に同じ）展開図は 1 度しか数えず，非同型な（つまり本質的に異なる）展開図の種類を数えているのである．表 8.1 に，正多面体にはラベル付きで展開図が何種類あるかと，非同型なもののみを数えて本質的に異なる展開図が何種類あるかを示す．

　同型なグラフを取り除いて，本質的に何種類の部分グラフがあるかを考えることは重要な問題であり，展開図の列挙以外にもさまざまな場面で必要になる操作であるが，本書では割愛する．この操作をどのように実現するかについては，文献 [1] を参照されたい．また，ラベル付きで部分グラフを列挙してから同型なグラフを取り除くという手法によらず，本質的に何種類かの部分グラフがあるかを直接数える手法については，文献 [2] を参照されたい．

■ Graphillion を用いた実践

　立方体を図 8.1（d）のグラフとして表し，Graphillion を用いて全域木を列挙してみよう．まず，Graphillion モジュールと，グラフ描画のためのモジュールをインポートしておく．

```
1  >>> from graphillion import GraphSet
2  >>> import networkx as nx
3  >>> import matplotlib.pyplot as plt
```

　全体グラフとして，図 8.1（d）のグラフを用意し，universe に設定する．plt.show()により，グラフが確認できる．

```
1  >>> universe = [ (1, 2), (1, 5), (1, 4), (2, 3), (2, 6), (3, 4),
2  ...   (3, 7), (4, 8), (5, 6), (5, 8), (6, 7), (7, 8) ]
3  >>> GraphSet.set_universe(universe)
4  >>> gd = nx.Graph(list(universe))
5  >>> nx.draw(gd)
6  >>> plt.show()
```

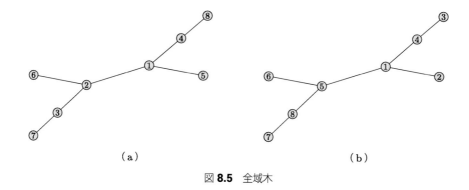

（a）　　　　　　　　　　　　　（b）

図 **8.5**　全域木

次に，全域木を列挙し，その集合を得る．図 8.5（a）は，そのうちの一つの全域木を描画したものであり，図 8.1（b）の太線で示した切り開く辺の集合と対応している．

```
1  >>> trees = GraphSet.trees(1, is_spanning=True)
2  >>> tree = trees.choice()
3  >>> gd = nx.Graph(list(tree))
4  >>> nx.draw(gd)
5  >>> plt.show()
```

得られた全域木が何個あるかを調べると，384 個であることがわかる．これは，表 8.1 に示した立方体のラベル付展開図の個数と一致している．また，ランダムに全域木を 10 個ほど描画して，対応する展開図を調べてみると，切る辺は異なるのに同じ展開図が得られることがあるのがわかる．たとえば，図 8.5（b）の全域木は図 8.4 の太線と対応しており，これに沿って切り開くと，図 8.1（b）と同じく図 8.1（c）の展開図が得られる．

```
1  >>> len(trees)
2  384
3  >>> tree_iter = trees.rand_iter()
4  >>> for _ in range(10):
5  ...     tree = tree_iter.next()
6  ...     gd = nx.Graph(list(tree))
7  ...     nx.draw(gd)
8  ...     plt.show()
```

また，たとえば，頂点 1 から頂点 2 への一つの経路に沿って（つまり枝分かれなしで）切り開く方法は，以下のように経路を列挙した結果との交わりをとることで，簡単に得られる．どのような経路が得られるかは，実際に試して確かめてほしい．

```
1  >>> lines = GraphSet.paths(1, 2)
2  >>> common = trees & lines
3  >>> len(common)
4  4
```

8.2　選挙区割りの列挙

選挙では，1 票の格差，つまり有権者の投じた 1 票が当落に与える影響の重さに格差があることが問題となる．これを解消するためには，選挙区ごとの有権者数がなるべく同じになるよう選挙区の区割りを決める必要がある．

たとえば，図 8.6（a）のような七つの地区からなる地域を，三つの選挙区に分けることにしよう．各地区の数字は有権者数を表している．図 8.6（b）のように区割りをすると，各選挙区の有権者数は 300，510，550 となるが，図（c）のようにすれば，450，450，460 と有権者数がほぼ均等に区割りをすることができる．この問題は有権者数の差を最小化する問題として解くこともできるが，それ以外の条件も加味して区割りを検討するためには，選挙区の区割りを列挙できれば望ましい．本節では，その方法についてみていこう．

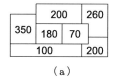　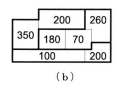　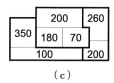

（a）　　　　　　　　（b）　　　　　　　　（c）

図 **8.6**　選挙区割りと 1 票の格差

■ グラフ問題への対応づけ

これから区割りを決める地域は，n 個の地区からなり，各地区は有権者数を重みとしてもつとしよう．選挙区の区割りは，n 個の地区を k 個の選挙区に分けることが目的である．各選挙区は一つ以上の地区をもち，複数の選挙区が同じ地区を重複

してもってはいけない．もちろん，どの選挙区にも属さない地区があってはいけない．また，k 個の選挙区に分けた後の各選挙区は，連結であるのが望ましく，飛び地があってはいけない．

2.1 節に示したように，各地区を頂点として表し，地区と地区との隣接関係を辺で表すことで，グラフとして表すことができる．たとえば，図 8.6 (a) の地域は，図 8.7 (a) のグラフで表される．各頂点についている数字は，有権者数を表す頂点の重みである．

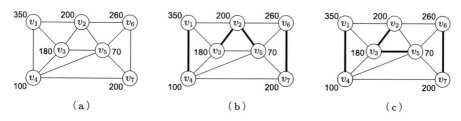

（a）　　　　　　　　　　　（b）　　　　　　　　　　　（c）

図 **8.7**　図 8.6 を表すグラフと全域森

各選挙区が連結になるように k 個の選挙区に分ける問題は，与えられた全体グラフをもとに，k 個の木からなる全域森をつくる問題として考えることができる．たとえば，図 8.6 (c) の区割りは，図 8.7 (b) の全域森で表すことができる．図の全域森は，三つの木からなり，それぞれの木に含まれる頂点が各選挙区に含まれる地区を表している．つまり図 8.7 (b) の全域森は，$\{v_1, v_4\}$，$\{v_2, v_3, v_5\}$，$\{v_6, v_7\}$ の三つの選挙区を構成している．

なお，第 6 章の電力網解析への応用では，変電所を根とする全域森を求めたが，選挙区の区割りでは根はなく，どの地区がどの地区と同じ選挙区になっても構わない．また，v_2, v_3, v_5 を結ぶ木のつくり方は複数あるため，図 8.7 (b) と (c) は，全域森としては異なるが，同じ選挙区割りを表している．このため，選挙区割りのカタログをつくる際には，展開図の列挙の場合と同様に，同じ選挙区割りを表す全域森は 1 度しか挙げず，本質的に異なる選挙区割りがどれだけあるかを列挙する必要がある．

選挙区ごとの有権者数がなるべく同じになるようにするには，二つのアプローチが考えられる．一つは，上記のように列挙した全域森に対し，制約条件を設けてその条件に合うものを選択する方法である．たとえば，各頂点の重みから各選挙区の重みを求め，その最大値と最小値を比較して差が α 以内のものを選択する．また，電力網の解析の際に木の大きさに上限を設けたのをさらに発展させて，全域森のそ

れぞれの木に対し，木に属する頂点の重みの和が最大値 β を超えないものを選択するのもよいだろう．もう一つは，フロンティア法で全域木を列挙する過程で，各連結成分に属す頂点の重みの和を同時に計算しておき，その大きさが最大値 β を超えないものだけを列挙する方法である．

■ Graphillion を用いた実践

図 8.7（a）のグラフに対し，Graphillion を用いて選挙区割りを表す全域森を列挙してみよう．まず，全体グラフを用意し，universe に設定する．plt.show() により，グラフが確認できる．

```
1  >>> from graphillion import GraphSet
2  >>> import networkx as nx
3  >>> import matplotlib.pyplot as plt
4  >>> universe = [ (1, 2), (1, 3), (1, 4), (2, 3), (2, 5), (2, 6),
5  ...   (3, 4), (3, 5), (4, 5), (4, 7), (5, 6), (5, 7), (6, 7) ]
6  >>> GraphSet.set_universe(universe)
7  >>> gd = nx.Graph(list(universe))
8  >>> nx.draw(gd)
9  >>> plt.show()
```

まず，三つの選挙区に分けるのはいったん忘れて，全域森を列挙してみよう．

```
1  >>> forests = GraphSet.forests([], is_spanning = True)
```

では，Graphillion を用いて，ちょうど三つの木からなる森を求めてみよう．Graphillion の forests() では根を指定する必要があるので，すべての根の組合せについて全域森を列挙し，それを forests に加えていく．itertools.combinations(range(1, 7), 3) では，5.1 節の Graphillion による実装で述べた combinations を利用して，1 から 7 の頂点から三つを取り出すすべての組合せを挙げている．この方法では，すべての根の組合せを試す必要があり，同じ全域森が何度も挙げられる．4.1.5 項の（3）のように連結成分の個数を数えることで，ちょうど k 個の木からなる全域森をフロンティア法で列挙するアルゴリズムが設計できるので，ぜひ挑戦してほしい．

```
1  >>> import itertools
2  >>> forests = GraphSet()
3  >>> for roots in itertools.combinations(range(1, 7), 3):
4  ...     f = GraphSet.forests(roots, is_spanning=True)
5  ...     forests = forests.union(f)
6  >>> len(forests)
7  467
```

8.3　避難所割り当ての列挙

　地震や風水害など，災害は起こらないに越したことはないが，もしもの場合に備えることが大切である．避難所は，そうした備えの一つであり，災害時に地域の人々が身を守る拠点となる．地方自治体が定める地域防災計画により，一時避難場所や広域避難場所といった避難場所や，一時的な避難生活のための避難所が定められている．地域内の複数の避難所を対象に，どの地区の人々をどの避難所に割り当てるかを計画するには，避難所に割り当てられた地区が連結であることの他に，避難所の利用者数の偏りが少なくしたい，避難者がアクセスしやすいように避難所までの距離を短くしたいなど，さまざまな観点から避難所割り当てを検討する必要がある．

　避難所割り当てを，グラフ問題へと対応づけてみよう．前節での選挙区の区割りと同様に，これから避難所割り当てを決める地域は，n 個の地区からなり，これらをグラフの頂点として表す．また，各地区は避難者数を重みとしてもつので，それらを各頂点の重みとする．グラフの辺は，地区と地区との隣接関係である．

　地域内の k 個の地区に避難所が指定されており，地域内の n 個の地区をこれらの k 個の避難所に割り当てる必要がある．割り当てられた地区が連結になるように地域を k 個の区割りに分けるという意味では，選挙区の区割りと同じであるが，それぞれの区割りが避難所をもたなければならないという点で，選挙区の区割りとは異なる．また，各避難所にはそれぞれ収容定員がある．選挙区の区割りでは，各選挙区の有権者数がなるべく同じになることを目指したが，避難所割り当てでは，各避難所ごとに割り当てられた避難者数/収容定員の比がなるべく同じになることを目指す．

　避難所割り当てを列挙するには，たとえば，k 個の避難所をもつ頂点を根とする全域森を列挙すればよい．これは，第 6 章の電力網解析への応用での変電所を表す頂点を根とする全域森の列挙と同じである．なお，選挙区割りの列挙の場合と同様

に，同じ避難所割り当てを表す全域森のとり方は複数あることに注意が必要である．

　別のアプローチとして，避難所ごとに，その避難所を根とする木で，あらかじめ定めた避難者数/収容定員の比が上限以内に収まるものを列挙し，それらを全避難所で組み合わせることで避難所割り当てを行う方法もある．このアプローチについて，さらに興味のある読者は，文献 [3,4] を参照されたい．

8.4　住宅のフロアプランの列挙

　住居は，日々の生活の舞台であり，時代や暮らしの変化に合わせた快適な環境が求められる．また，近年では，家族構成やライフスタイルの変化に柔軟に対応するために，柱や梁などの構造躯体（スケルトン）と，間仕切りや内装，設備などのインフィルを分離した建築システムもみられる．これは，構造躯体に長期耐久性をもたせつつ，間取り（フロアプラン）を自在に変化させられるようにすることで，住宅の長寿命化を狙ったものである．

　お仕着せの間取りではなく，個々の居住者の要望に沿った間取りを提示するためには，たとえば，必要な部屋ごとにその広さを挙げるとそれを満たす間取りのカタログがつくれ，さらに居住者の希望に沿って間取りを検索できるとよいだろう．間取りのカタログを ZDD の形でつくることができれば，リビングは南の窓に面した位置にしたいといった要望は，ZDD 演算により効率的に実行できる．

　住宅の間取りの設計を，グラフ問題へと対応づけてみよう．図 8.8（a）のような間取り設計の対象となる領域は，たとえば 950 mm × 950 mm の単位格子（セル）に区切ることで，図（b）のようにセルが並んでいるとみなすことができる．ここで，セルの大きさには任意性があり，建築部材の単位長に合わせて大きさを決めれ

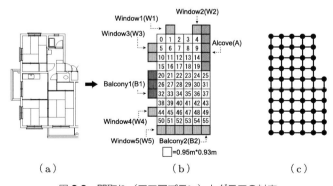

図 **8.8**　間取り（フロアプラン）とグラフの対応

ばよい．この各セルを頂点とし，セルの隣接関係を辺とすることで，選挙区割りや避難所割当と同様に，図 8.8（c）のようにグラフが得られる．図 8.8（b）では，窓やバルコニー，アルコーブといった情報をセルにもたせることで，これらと部屋の接続関係を考慮できるようにしている．簡単のため，図（c）では，部屋を配置できるセル（図（b）で数字を振ったセル）のみをグラフの頂点としているが，窓等との接続関係を考慮するのが望ましい．なお，間取りの設計では，選挙区割りや避難所割当とは異なり，グラフの各頂点は重みをもたない（すべての頂点の重みが 1 とみなしてもよい）．ここで，リビングはセル 12 個分，個室 1 はセル 9 個，個室 2 はセル 9 個分，…… というように，k 個の部屋とそれぞれの広さが与えらえると，グ

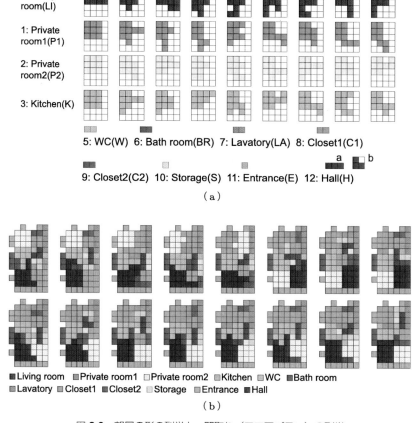

図 **8.9** 部屋の形の列挙と，間取り（フロアプラン）の列挙

ラフを k 個の連結な区域に分割する必要がある．さらに，各区域が，それぞれ対応する部屋の広さと同数の頂点をもつ必要がある．

住宅の間取りを列挙するには，二つのアプローチが考えられる．一つは，選挙区割りの列挙と同様に，ちょうど k 個の木からなる全域森を列挙する方法である．ここで，それぞれの木に属する頂点数を用いることで，各部屋の広さの制約を満たす間取りだけを得ることができる．なお，部屋の広さが指定どおりでも，凸凹した部屋はそもそも望まれないため，部屋の形が長方形に近いものだけを取り出すなどの工夫が必要である．

もう一つのアプローチは，まず，図 8.9（a）のように，部屋ごとに指定された広さに応じて，その広さで可能な部屋の形を列挙するというものである．この時点で，凸凹した部屋を避けるようにする．次に，上記の方法で得られた各部屋の形を辞書として利用し，各部屋が辞書の形を満たすように，フロンティア法によりグラフの頂点をどの部屋に割り当てるかを列挙する（図 8.9（b））．このアプローチについて，さらに興味のある読者は，文献 [5] を参照されたい．

8.5　しりとりの列挙（有向グラフでの経路の列挙）

この節では，しりとりを題材に，有向グラフでの列挙を取り扱う．まず，しりとりを無向グラフで扱うことによる問題点を考え，有向グラフでの経路の列挙として扱う方法について述べる．次に，フロンティア法による有向グラフでの列挙アルゴリズムについて説明する．

■ グラフ問題への対応づけ

しりとりでは，「しりとり」→「りす」→「すうり」→ … のように，前の単語の最後の文字と次の単語の最初の文字が同じというルールを満たすように，単語を続けていく．ここで，「しりとり」から始まって，「ん」で終わる単語まで，最も長く続けるには，どのように単語を続けていけばよいだろうか．

まずは，しりとりをグラフの問題として扱うために，単純に，単語を頂点に，単語と単語の接続関係を辺にして，無向グラフで表してみるとどうなるだろうか．たとえば，図 8.10（a）のように無向グラフをつくると，「しりとり」→「りんご」→「すうり」→「すいす」→「りす」といった順に単語を続けることもできてしまい，しりとりにならない．無向グラフのつくり方や制約の与え方を工夫すると，しりとりをなんとか列挙することができるが，どの単語の次にどの単語を続けられるかを

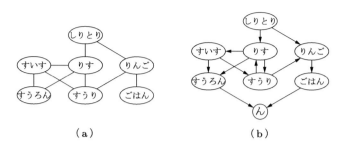

図 **8.10**　しりとりは，（a）無向グラフではなく，（b）有向グラフで表す．

有向辺で表した有向グラフを用いる方が自然であろう．たとえば，図 8.10（a）は，単語間の接続関係を調べると，図（b）のように表せる．なお，「すいす」→「すいす」のように，同じ単語を続けることはできないのに注意が必要である．

　また，図 8.10（b）には，頂点「ん」が導入され，「ごはん」や「すうろん」のように最後の文字が「ん」の単語を表す頂点から，頂点「ん」へ，有向辺が追加されている．これにより，最長しりとり問題は，上記の有向グラフを全体グラフとし，「しりとり」を始点 s，「ん」を終点 t として，s から t への最長経路を求める問題とみなすことができる．

　以下では有向グラフを扱うため，2.1 節のグラフの用語を拡張する．グラフの各辺は向きをもつため，$e_i = (v, w)$ で v から w への有向辺を表す．つまり，辺 e_i は頂点 v から出て頂点 w へ入る．また，頂点 v に接続する辺は，v へ入ってくる辺と v から出ていく辺の 2 種類に分類できる．v へ入ってくる辺の本数を**入次数**といい，v から出ていく辺の本数を**出次数**という．

■ 有向グラフでの経路の列挙アルゴリズム

　以下では，第 4 章の無向グラフでの s–t 経路の列挙アルゴリズムをもとに，有向グラフでの s–t 経路の列挙を行う．

　まず，s–t 経路は，「s は入次数が 0 で出次数が 1，t は入次数が 1 で出次数が 0，それ以外の頂点は入次数も出次数も共に 0，または共に 1 であり，サイクルを含まない」という条件を満たす部分グラフである．したがって，次の場合には s–t 経路の完成が不可能になり，フロンティア法ではそれ以降の子ノードの作成を行わない．

（1）s の入次数が 1 以上または出次数が 2 以上になる．

　　または，t の入次数が 2 以上または出次数が 1 以上になる．

（2）s, t 以外の頂点の入次数が 2 以上または出次数が 2 以上になる．

（3）s の出次数が 0 に確定する．または，t の入次数が 0 に確定する．

（4）s–t 経路が途中で分断される．

（5）サイクルが生じる．

なお，しりとりを表す有向グラフを上述のようにつくった場合には，s の入次数が 1 以上になったり，t の出次数が 1 以上になったりすることはないが，ここでは，一般の有向グラフでの s–t 経路の列挙について述べているため，これらの条件も（1）に含めておく．

　（1）〜（4）を効率よく判定するため，ノードには対応する部分グラフの各頂点の入次数と出次数を記憶する．各ノードに配列変数 indeg と outdeg をもたせて，値を記憶させる．頂点 v の入次数と出次数を indeg$[v]$ と outdeg$[v]$ で表す．ノード $\hat{n}$ がもつ配列変数を $\hat{n}.$indeg, $\hat{n}.$outdeg で表す．

　アルゴリズムの疑似コードを Algorithm 8.1, 8.2 に示す．それぞれの 1 行目は，無向グラフの場合での $e_i = \{v, w\}$ から $e_i = (v, w)$ へと変わり，e_i が有向辺を表している．このため，UPDATEINFO の 6, 7 行目では，v の出次数と w の入次数を 1 ずつ増やしている．

Algorithm 8.1：UPDATEINFO$(\hat{n}, i, x)$

― 有向グラフの s–t 経路列挙のための UPDATEINFO

```
1   e_i = (v, w) とする.
2   foreach u ∉ F_{i-1} となるような u ∈ {v, w} do
                          // u は新たにフロンティアに含まれるようになる
3   │   n̂.indeg[u] ← 0, n̂.outdeg[u] ← 0
4   │   n̂.comp[u] ← j   ただし, j は u = v_j を満たす値
5   if x = 1 then
    │   // v の出次数と w の入次数を 1 増やす
6   │   n̂.outdeg[v] ← n̂.outdeg[v] + 1
7   │   n̂.indeg[w] ← n̂.indeg[w] + 1
    │   // 二つの連結成分が結合
8   │   c_min ← min{n̂.comp[v], n̂.comp[w]}
9   │   c_max ← max{n̂.comp[v], n̂.comp[w]}
10  │   foreach u ∈ F_i do                    // フロンティアの各頂点について
11  │   │   if n̂.comp[u] = c_max then
12  │   │   └   n̂.comp[u] ← c_min
13  foreach u ∉ F_i となるような u ∈ {v, w} do      // u がフロンティアから去る
14  └   n̂.indeg[u], n̂.outdeg[u] と n̂.comp[u] の値を消去する.
```

Algorithm 8.2 : CHECKTERMINAL($\hat{n}, i, x$)

——有向グラフの $s-t$ 経路列挙のための CHECKTERMINAL

```
1  eᵢ = (v, w) とする.
2  if x = 1 then
3  │  if n̂.comp[v] = n̂.comp[w] then          // v と w が同じ連結成分に属する
4  │  └  return 0        // サイクルが生じる (5) or v の出次数が 2 になる (2)
5  n̂ を n' にコピーする.
6  UPDATEINFO(n', i, x).
7  foreach u ∈ {v, w} do
8  │  if u = s かつ (n'.indeg[u] > 0 または n'.outdeg[u] > 1) then  // (1) の確認
9  │  └  return 0
10 │  else if u = t かつ (n'.indeg[u] > 1 または n'.outdeg[u] > 0) then
11 │  └  return 0
12 │  else if (u ≠ s かつ u ≠ t) かつ (n'.indeg[u] > 1 または n'.outdeg[u] > 1) then
13 │  └  return 0                                           // (2) の確認
14 foreach u ∉ Fᵢ となるような u ∈ {v, w} do       // u がフロンティアから去る
15 │  if (u = s かつ n'.outdeg[u] ≠ 1) または (u = t かつ n'.indeg[u] ≠ 1) then
16 │  └  return 0                                           // (3) の確認
17 │  else if (u ≠ s かつ u ≠ t) かつ n'.indeg[u] ≠ n'.outdeg[u] then
                                                            // (4) の確認
18 │  └  return 0
19 if i = m then                                  // 最後の辺の処理が終わる
20 │  return 1                                        // s-t 経路が完成
21 return nil                                       // 0/1 終端ではない
```

CHECKTERMINAL の 2〜4 行目では連結成分の比較をしている. $\mathrm{comp}[v] = \mathrm{comp}[w]$ の場合には, v と w は同じ連結成分に属している. 入次数や出次数が 2 以上の頂点は存在しないため, 有向辺の向きに沿って v から w への経路または w から v への経路が存在している. 前者の場合には, $e_i = (v, w)$ を加えることで, v の出次数が 2 以上になり, $s-t$ 経路が完成する見込みがなくなる. また, 後者の場合には, サイクルが生じることになる. いずれにしても, CHECKTERMINAL は 0 を返し, これ以降の子ノードの作成を行わない. (4) の確認では, s, t 以外の頂点について, 入次数と出次数が同じであることを求めている. (2) の確認により, 入次数や出次数が 2 以上となることはないため, 入次数と出次数が共に 0 または共に 1 となる.

$e_1, e_2, \ldots, e_m$ まで処理を行い, (1)〜(5) のいずれも一度も満たされることがな

ければ，最終的に「s の出次数は 1，t の入次数は 1，それ以外の頂点は入次数も出次数も共に 0 または共に 2 であり，サイクルを含まない」部分グラフとなり，s–t 経路となるので，1-終端節点に接続する．

8.6　まとめ

　本章では，社会のさまざまな問題をグラフ列挙問題の観点から捉え，フロンティア法に基づく列挙アルゴリズムを利用した問題解決の糸口を探った．展開図が全域木と対応したり，選挙区割りや避難所の割り当て，住宅レイアウトが全域森と対応したり，しりとりが有向パスと対応したりと，グラフの概念が実生活と密接に関係していることを実感してもらいたい．また，避難所の割り当ては，根付き全域森を列挙する問題として考えれば，第 6 章の電力網解析と同様のアプローチが採用できた．このように，表層にみえる問題は異なっても，その本質を同じと捉えて一網打尽にできるのがアルゴリズムを研究することの醍醐味である．ぜひ，皆さんの周りのさまざまな問題にもアプローチしてほしい．

□ 第 8 章の関連図書・参考文献

[1]　T. Horiyama and W. Shoji, Edge Unfoldings of Platonic Solids Never Overlap, In *Proc. of the 23rd Canadian Conference on Computational Geometry*, pp. 65–70, 2011.

[2]　T. Horiyama and W. Shoji, The Number of Different Unfoldings of Polyhedra, In *Proc. of the 24th International Symposium on Algorithms and Computation, Lecture Notes in Computer Science*, vol. 8283, pp. 623-633, Springer-Verlag, 2013.

[3]　A. Takizawa, Y. Takechi, A. Ohta, N. Katoh, T. Inoue, T. Horiyama, J. Kawahara and S. Minato, Enumeration of Region Partitioning for Evacuation Planning Based on ZDD, In *Proc. of the 11th International Symposium on Operations Research and its Applications in engineering, technology and management*, pp. 64–71, 2013.

[4]　瀧澤重志．ZDD を用いた小地域単位の避難所割当案の高速列挙・抽出手法．地理情報システム学会 第 23 回研究発表大会, 2014.

[5]　A. Takizawa, Y. Miyata and N. Katoh, Enumeration of Floor Plans Based on Zero-Suppressed Binary Decision Diagram, In *Proc. of the 19th International Conference of the Association of Computer-Aided Architectural Design Research in Asia*, pp. 275–284, 2014.

第3部 発展的な話題

第9〜11章では，発展的な話題として，数え上げの世界記録を達成するために用いた高度な技術的工夫や，ZDD 処理系の内部動作に関する詳しい解説，さらに，組合せ頻度表や文字列集合・順列集合の表現など，現在も研究が進行している発展的な技法を紹介する．

第9章 「おねえさんの問題」の世界記録

執筆担当：岩下洋哲，宇野毅明

　第1章で述べたように，筆者らが「おねえさんの問題」を追究して計算の記録を更新した．本章では，そこで実際に使ったさまざまな技法を紹介する．

9.1　記録への挑戦

　フカシギおねえさんのアニメーション動画[1] に寄せられた反響の多さに触発されて，筆者らの研究グループでは「おねえさんの問題」の記録をどこまで更新できるかに挑戦した．その結果として 2013 年に筆者らが計算に成功した $n = 26$ までの数列が，表 9.1 である**1**．数列は猛烈な勢いで増大するが，その度合いは n^2 に対して指数関数的であることが知られている[3]．この表からも，実際に数値の「桁数」

表 **9.1**　$n = 26$ までの解の個数

n	経路の数
1	2
2	12
3	184
4	8512
5	1262816
6	575780564
7	789360053252
8	3266598486981642
9	41044208702632496804
10	1568758030464750013214100
11	182413291514248049241470885236
12	64528039343270018963357185158482118
13	69450664761521361664274701548907359096488
14	227449714676812739631826459327989863387613323440
15	2266745566862672746374567396713098934866324885408319028
16	68745445609149031587631563132489232824587945968099457285419306
17	6344814611237963971310297540795524004494439868664806936436930878555336
18	178211128408420651298933849466523252751678086570476765593145247460582660227825 32
19	15233449710487999308074281031922969089945425532329245557760298667373550605928775 60255844
20	3962892199823037560207299547133362502106339705739463771515237113337010682364035706 70447206494 03398
21	3137475105013710272042053813738221453131033121936987236530613519913446433379389038 5793965576999224602131646 3868
22	7559702866673453396615191233152226193531037320724094811673914407951792579274363123 49870388837914369827117140443 9792
23	5543542035523747700901431848906143793069037907096433133255695306461484008407334885 5416503869240208757112420600854085413182 93945720
24	1237171223120706475833874486267357083237304198901294353967872708048495169551593034 856413945507921530371918580282125122809266003 04581386791094
25	8402974857881133473100708374543680912729605429377538354982474262393703728497898215 256692917857708397096012162560250060727316549718402 1064940499783750044247408
26	1736093158627927293117544042123649890037222958828811406046637037209103424132761347 627892181934980061070822962231433804913482900226721931 1296277087388908539081089063 96

***

1. オンライン整数列大辞典[2] によれば，それまでの記録は同じ年につくられた $n = 24$ であった．

が 2 次関数的に増大している様子がみてとれる．ロボットになったおねえさんが解いた $n = 10$ の答は $n = 9$ の答の 3 万 8 千倍であったが，$n = 20$ の答は $n = 19$ の答の 26 億倍にもなっている．

経路を一つずつ列挙するおねえさんの方法でこの数列を求めることは絶望的であるが，フロンティア法を使えばそれよりもずっと効率よく，およそ 3^n に比例した時間で計算できるようになる．現在のところ，これよりも緩やかに計算時間が増加するアルゴリズムは知られていない．n に対して指数的な時間であることは依然として厳しいのだが，n^2 に対して指数的な時間であるおねえさんの方法と比べると，実に指数的な効率改善になっているのである．

筆者らの挑戦は，フロンティア法をベースにして，おねえさんの問題の特徴を最大限に利用した効率改善を積み重ねていくことであった．計算時間が 3^n に比例するということは，記録をたった一つ更新するのにも 3 倍の高速化が必要になることを意味する．さらに，必要なメモリ量もほぼ 3^n に比例するため，省メモリ化の工夫も同様に必要なのだ．以下では，筆者らが実際に $n = 26$ までの計算に使用した，高速化と省メモリ化のためのさまざまな技法を紹介していく．

9.2 骨格となるアルゴリズム

第 4 章で解説されているように，おねえさんの問題は s–t 経路に対するフロンティア法のアルゴリズムで解ける．ここでは，もう少しおねえさんの問題に最適化した，メモリ上に ZDD のグラフ構造をつくっていく代わりに経路の数を直接計算していくようなフロンティア法をベースとする．アルゴリズムの概要を Algorithm 9.1 に示す．

Algorithm 9.1：CountPaths — おねえさんの問題を解くアルゴリズム

```
1  count ← {q_init ↦ 1}
2  for i ← 1 to m do
3    tmp ← {}
4    foreach q ∈ keys(count) do
5      foreach x ∈ {0,1} do
6        q' ← GetNextState(q, i, x)
7        if q' ≠ nil then
8          if q' ∉ keys(tmp) then tmp[q'] ← 0
9          tmp[q'] ← tmp[q'] + count[q]
```

```
10   │ count ← tmp
11  return count[q_acc]
```

　ここでは，ZDD の根からそれぞれの節点に至る経路の数を count という名前の
ハッシュテーブルに記録している．ハッシュテーブルのキーは，節点の等価性判定
の基準でもある「フロンティアの状態」（第 4 章の deg 値や comp 値にあたるもの）
である．状態に関する詳細は後で解説することにして，ここでは q_{init} を初期状態，
q_{acc} を正しく経路が構成された状態，$\mathrm{GETNEXTSTATE}(q, i, x)$ を「状態遷移関数」
として話を進める．$\mathrm{GETNEXTSTATE}(q, i, 0)$ は状態 q で辺 e_i を使わないことを選
択した後の状態を返し，$\mathrm{GETNEXTSTATE}(q, i, 1)$ は状態 q で辺 e_i を使うことを選
択した後の状態を返す．その選択によって経路を正しく構成できなくなったときは，
状態の代わりに nil を返す．以降では，辺 e_i に関する選択を行う処理段階 i を「レ
ベル」と呼ぶことにする．アルゴリズムの 1 行目では，初期状態 q_{init} が表現する
経路が 1 通りであることを設定している．3 行目から 10 行目では，count が保持
している現在のレベルの経路数情報をもとに次のレベルの経路数情報を計算して一
時変数 tmp に集め，最後にそれを count に書き戻している．最終的に count[q_{acc}]
に記録されている数値が計算結果である．

　筆者が通常のフロンティア法と同じ状態表現を用いてこのアルゴリズムを実装し
たところ，Xeon E7-8837 プロセッサーの単一スレッド処理で，約 3 日の計算時間と
200 ギガバイトあまりのメモリを使って 21 × 21 の問題を解くことに成功した．こ
の段階ではまだ，対象が格子グラフであることを全く利用していない．それにもか
かわらず 21 × 21 まで解けたことは，基本となっているフロンティア法の強力さを
示すものといえよう．そして，ここからがおねえさんの問題への本当の挑戦である．

9.3　辺の省略

　一般に，s–t 経路に対するフロンティア法では，各頂点に隣接する辺の中で最後
に処理するものに関しては自由な選択の余地がない．これは，最後の辺では頂点次
数の制約（頂点 s, t は 1，その他は 0 または 2）を満たすような選択がいつも 1 通り
しかないためである．したがって，格子グラフで左上から行ごとに横向きの辺を選
択していくと，縦向きの辺の選び方は自動的に決まっていくと考えることができる．

　2×2 の例を図 9.1 に示す．e_1 を使わないとすれば e_1' は必ず使わなければなら

ず，e_1 を使うとすれば e_1' は必ず使われない．第2レベルの左側の状態からは，e_2 を使わないと決めれば e_2' も e_2'' も必ず使われず，e_2 を使うと決めれば e_2' も e_2'' も必ず使わなければならない．右側の状態からは，e_2 を使わないとすれば e_2' を使って e_2'' を使わないことが決まり，e_2 を使うとすれば e_2' を使わないで e_2'' を使うことが決まる．

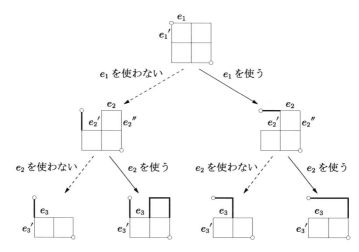

図 **9.1** 横辺を基準にした場合分け

このように，Algorithm 9.1 の実装では横辺だけを ZDD 変数に対応させる．そうすると，縦横すべての辺を ZDD 変数に対応させる場合と比べて処理するレベルの数 m が半分になるため，最大で約2倍の速度向上を期待することができる．

9.4 コンパクトな状態コード

次に，フロンティアの状態をコンパクトに表現するための，おねえさんの問題専用の「状態コード」を定義する．図 9.2 には，図 9.1 に続く第4レベルの八つの経路パタンとそれらを識別する7種類の状態コードが示されている．左から2番目と5番目の経路パタンはフロンティア上に現れている端点の接続関係が等価（以後に許される経路の選び方が同じ）であるため，同じ状態コードになっている．

一般に $n \times n$ の問題で使用する状態コードは，フロンティア上の $n+1$ 個の頂点に対応する長さ $n+1$ の文字列である．文字列は4種類の文字 ⊙, ⦅, ⦆, ● で構成され，それぞれの文字は次の意味をもっている．

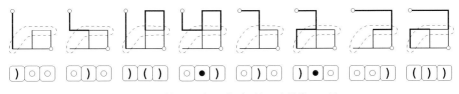

図 **9.2** 第 4 レベルの経路パタンと状態コード

◎ この頂点はまだ使用されていない.

⌋ この頂点を端点とする経路断片ができており,もう一方の端点はこれより左側にある.

⌊ この頂点を端点とする経路断片ができており,もう一方の端点はこれより右側にある.

● この頂点は経路の通過点になっている.

ただし,どの頂点よりも左に仮想的な始点があるとして,格子グラフの左上端の頂点は最初からその仮想始点とつながっているとみなす.そうすると,状態コードの左側に ⌊ を一つ付加した文字列では,すべての ⌊ と ⌋ が入れ子構造の対応関係をもつことになる.

ここで,状態コードが移り変わる様子を整理してみよう.2 × 2 の問題の状態遷移グラフを図 9.3 に示した.初期状態は第 1 レベルの ⌋◎◎ である.各レベルでの辺の選択によって,次のレベルでの状態が決まる.実線が横辺を使うときの遷移,破線が使わないときの遷移を示している.最終レベルでの遷移先が ◎◎⌋ であれば,経路が完成したことになる.

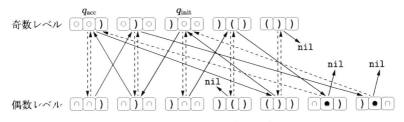

図 **9.3** 2 × 2 の問題の状態遷移グラフ

$n \times n$ の問題の状態遷移関数 GetNextState(q, i, x) は Algorithm 9.2 で実現することができる.

Algorithm 9.2：$\text{GetNextState}(q, i, x)$ — 状態遷移関数

```
1   q' ← q;  j ← ((i − 1) mod n) + 1
2   if x = 0 then
3   │  if q_j = ● then q'_j ← ○
4   else
5   │  if q_j = ● then return nil
6   │  if q_j q_{j+1} = ⦅⦆ return nil
7   │  if q_j q_{j+1} = ○○ then q'_j q'_{j+1} ← ⦅⦆
8   │  if q_j q_{j+1} = ○⦆ then q'_j q'_{j+1} ← ⦆●
9   │  if q_j q_{j+1} = ○⦅ then q'_j q'_{j+1} ← ⦅●
10  │  if q_j q_{j+1} = ⦆○ then q'_j q'_{j+1} ← ○⦆
11  │  if q_j q_{j+1} = ⦅○ then q'_j q'_{j+1} ← ○⦅
12  │  if q_j q_{j+1} = ⦆⦆ then q'_j q'_{j+1} ← ○●
13  │  if q_j q_{j+1} = ⦆⦆ then
14  │  └  q_j と対になる ⦅ の位置を k として，q'_k ← ⦆;  q'_j q'_{j+1} ← ○●
15  │  if q_j q_{j+1} = ⦅⦅ then
16  │  └  q_{j+1} と対になる ⦆ の位置を k として，q'_j q'_{j+1} ← ○●;  q'_k ← ⦅
17  if j = n  ∧  q_{j+1} = ● then q'_{j+1} = ○
18  return q'
```

j は第 i レベルで決定する横辺の左側頂点の列位置であり，q_k は 文字列 q の k 番目の文字を意味している．新しく ● が現れる位置は，最後に使用した横辺の右側の頂点に対応する箇所だけであり（8，9，12，14，16 行目），それは 17 行目ですぐに ○ に変わるか，次のレベルで q_j に現れてから必ず ○ に変わる．$q_j = ●$ のとき横辺を使うことは許されない（5 行目）．横辺を使わないときは縦辺も使わないことになり，フロンティアの第 j 列が前進して下の未使用節点に移ることによって $q_j = ○$ となる（3 行目）．状態コードの中で ● が現れるのは j 番目の文字だけであることは次の節で重要になるので，覚えておいてほしい．

4 種類の文字は 2 ビットで符号化できるので，状態コードを保持するには $2n + 2$ ビットあればよい．$n = 31$ まで，すなわち当面の間は 64 ビットのワード長を超えないということだ．

9.5 最小完全ハッシュ関数

ここまでみたように，従来の状態表現をコンパクトな状態コードに置き換えるだけでも，ハッシュテーブル count のキーを記録するためのメモリ量を節約することができる．しかし，ここではさらに進んで，キーを記録すること自体を不要にし，空

きスロットによるメモリの無駄もなくす方法について考えよう．そのためには，状態コードに 1 から始まる通し番号を与えることができればよい．キーの集合から通し番号の集合の上への 1 対 1 写像は，最小完全ハッシュ関数と呼ばれる．状態コードに通し番号があれば，count を単純な 1 次元配列で実現することが可能になる．要素へのアクセスが単純化されるため，高速化に大きく貢献することも期待できる．

ここでは問題を単純化するために，⦿ を含まない状態コードに対するデータを記録する配列と j 番目の文字が ⦿ である状態コードに対するデータを記録する配列に分けて，これを実現することを考えよう．次の 2 条件を共に満たす文字列の集合を Q_k とする．

(1) ⦿, ⦆, ⦅ で構成された，長さ k の文字列である．
(2) 左端に ⦅ を付加すると，⦅ と ⦆ の対応がとれた入れ子構造になる．

$n \times n$ の問題における ⦿ を含まない状態コードの集合は，Q_{n+1} である．一方，j 番目の文字が ⦿ である状態コードの集合は，文字 ⦿ を無視することで Q_n に対応させることができる．したがって，Q_k のすべての要素に $1, 2, \cdots, |Q_k|$ の通し番号（k は自然数）をつける一般的な方法がわかれば，どちらの配列アクセスも実現することが可能である．

それでは，Q_k について考えてみよう．いま，状態コードの文字を左から順に調べていくと思ってほしい．現在までに調べた文字の数を x 軸，まだ閉じられていない括弧の数を y 軸とした平面を考える．すると，三つの文字 ⦿, ⦆, ⦅ はそれぞれ平面上での右 $(1,0)$，右下 $(1,-1)$，右上 $(1,1)$ への動きに対応し，Q_k はこの 3 種類の動きによって座標 $(0,1)$ から座標 $(k,0)$ に至る，負の y 座標を通らない経路の集合に対応していることがわかる．

Q_4 のグラフ表現を図 9.4 に示した．グラフ節点の座標に書かれた数字は，そこから終点座標 $(4,0)$ までの経路の数である．このグラフは非巡回有向グラフなので，おねえさんの問題とは違って簡単に（辺の数に比例した計算時間で）それらの経路数を求めることができる．前処理でこの情報を計算して各座標に記録しておくと，状態コードの通し番号（ハッシュ値）を効率よく求めることができる．ここでは辞書式の順序を与えるとして，それぞれの文字の順序は ⦿ < ⦆ < ⦅ とする．ハッシュ値は，その状態コードより前にある状態コードの個数に 1 を加えたものである．与えられた状態コード $q \in Q_k$ の通し番号を計算する最小完全ハッシュ関数を Algorithm 9.3 に示す．

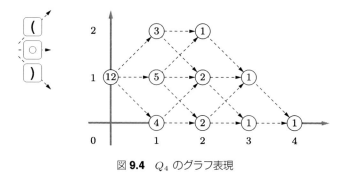

図 **9.4** Q_4 のグラフ表現

Algorithm 9.3：GETHASHCODE(q) ― 最小完全ハッシュ関数

```
 1  (x, y) ← (0, 1) ;  h ← 0
 2  for i ← 1 to k do
 3  |   x ← x + 1
 4  |   if qᵢ = 〗 then
 5  |   |   座標 (x, y) に記録された経路数を h に加算
 6  |   |   y ← y − 1
 7  |   if qᵢ = 〖 then
 8  |   |   座標 (x, y) に記録された経路数を h に加算
 9  |   |   座標 (x, y − 1) に記録された経路数を h に加算
10  |   |   y ← y + 1
11  return h + 1
```

　ここまでの工夫により，当初のアルゴリズムでは約 3 日の計算時間と 200 ギガバイトあまりのメモリを必要としていた 21×21 の問題が，約 16 時間の計算時間と 100 ギガバイトあまりのメモリで解けるようになった．

　さて，Q_k についてもう少し考察を深めておこう．$(1, 0)$, $(1, -1)$, $(1, 1)$ の 3 種類の動きによって座標 (x_1, y_1) から座標 (x_2, y_2) に至る負の y 座標を通らない経路の集合を $\mathcal{M}_{(x_1, y_1) \to (x_2, y_2)}$ と書くことにすると，Q_k は $\mathcal{M}_{(0, 1) \to (k, 0)}$ に対応している．一方，$\mathcal{M}_{(0, 0) \to (k, 0)}$ に含まれる経路の数 $M_k = |\mathcal{M}_{(0, 0) \to (k, 0)}|$ は，数学では Motzkin 数（Motzkin number）[4] と呼ばれ，次の漸化式で計算できることが知られている．

$$\begin{cases} M_0 = M_1 = 1 \\ M_k = \dfrac{(3k-3)M_{k-2} + (2k+1)M_{k-1}}{k+2} \end{cases}$$

$|Q_k|$ も，これを使って計算することができる．

$$|Q_k| = |\mathcal{M}_{(0,1)\to(k,0)}| = |\mathcal{M}_{(-1,0)\to(k,0)}| - |\mathcal{M}_{(0,1)\to(k,0)}| = M_{k+1} - M_k$$

$|Q_k|$ の増え方は 3^k よりもわずかに小さい．実際の値を表 9.2 に示したが，2^{25} に対して $|Q_{25}|$ の値はおよそ 500 倍，3^{25} の値はさらにその 50 倍である．k が大きくなると，それらの比も大きくなっていく．

表 **9.2** $|Q_k|$ の値

k	2^k	$|Q_k|$	3^k
25	3.36×10^7	1.66×10^{10}	8.47×10^{11}
26	6.71×10^7	4.73×10^{10}	2.54×10^{12}
27	1.34×10^8	1.35×10^{11}	7.63×10^{12}
28	2.68×10^8	3.86×10^{11}	2.29×10^{13}

9.6 表引きによる高速化

次に，Algorithm 9.3 をさらに高速な関数で置き換えよう．Algorithm 9.1 の中では count へのアクセスが極めて頻繁に発生するため，ハッシュ関数を高速化することは全体の速度向上に大きく寄与する．

Algorithm 9.3 では，事前に計算しておいた k^2 個ほどの数値を利用して関数呼び出しごとの計算の量を抑えている．それでは，さらに多くの情報を記憶しておくことで，もっと高速な関数を実現できないだろうか．$|Q_k|$ よりも十分に小さいメモリ使用量であれば，全体への影響は無視することができる．これから示すのは，2 回の表引きだけでハッシュ値を求める方法である．状態コードを中央付近で二つに分け，前半部分をインデックスとして表引きした上位の値と後半部分をインデックスとして表引きした下位の値を加算することでハッシュ値を得る．二つの表の大きさはどちらも 2^k 程度であり，$|Q_k|$ よりも十分に小さい．

もう少し詳しく説明しよう．状態コードは 1 文字ごとに 2 ビット（◌ $= 00$,◖ $= 01$, ◗ $= 10$）を使って符号化され，$2k$ ビットのデータとして取り扱われている．これを，前半の $l(l+r=k)$ 文字を示す $2l$ ビットのデータと後半の r 文字を示す $2r$

ビットのデータに分割する．このとき，前半の文字列は $\bigcup_{0 \leq h \leq r} \mathcal{M}_{(0,1) \to (l,h)}$ に対応し，後半の文字列は $\bigcup_{0 \leq h \leq r} \mathcal{M}_{(l,h) \to (k,0)}$ に対応している．前半の文字列をインデックスとした表には，それから始まる状態コードの最初のハッシュ値よりも 1 小さい値を記録しておく．後半の文字列をインデックスとした表には，中間点の高さ h ごとに $\mathcal{M}_{(l,h) \to (k,0)}$ 内での通し番号を記録しておく．Q_4 からハッシュ値を得るための二つの表を図 9.5 に 示す．Algorithm 9.3 を拡張すれば，これらの表を作成することはそれほど難しくない．

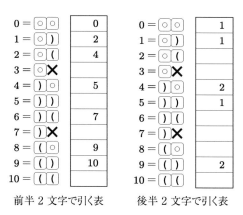

図 **9.5** Q_4 ハッシュ値計算のデータ構造

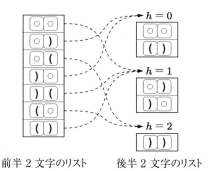

図 **9.6** Q_4 要素列挙のデータ構造

さらにこの考え方を応用すれば，図 9.6 のような 2 階層のリストを用意して Q_k の要素を列挙する処理（Algorithm 9.1 の 4 行目）を高速化することもできる．1 番目の階層には前半文字列と中間点の高さ h のリスト，2 番目の階層には h ごとに分類した前半文字列のリストをもたせておく．単一のリストで実現すると $|Q_k|$ の大きさが必要だが，2 階層化することによって 2^k 程度の大きさで抑えることができている．

筆者の実装では，以上 2 種類の表引きにより，全体として 3 倍以上の速度向上を達成することができた．使用メモリ量はほぼ同じままである．21×21 の問題にかかる計算時間は，約 5 時間に短縮された．

9.7　その場でのデータ更新

Algorithm 9.1 でメモリ使用量の大半を占めるのは，$|Q_{n+1}| + |Q_n|$ の大きさの配列 count と一時変数 tmp である．tmp は count と同じ大きさをもっている．その

ような一時変数を使わない実装，すなわちその場でのデータ更新を実現すれば，全体のメモリ使用量を半減することができる．

　Algorithm 9.2 に示された状態遷移のルールをもう一度みてほしい．ひとまずは $j < n$ と仮定して，17 行目の処理については後で考えることにしよう．α を j 番目より前の文字列，β を $j+1$ 番目より後の文字列とすると，状態コード $\alpha\boxed{(}\boxed{)}\beta$ で表される状態を遷移先にもつのは，それ自身の他は $\alpha\boxed{\circ}\boxed{\circ}\beta$ で表される状態だけだ．これは，count$[\alpha\boxed{(}\boxed{)}\beta]$ の更新が

$$\text{count}[\alpha\boxed{(}\boxed{)}\beta] \leftarrow \text{count}[\alpha\boxed{(}\boxed{)}\beta] + \text{count}[\alpha\boxed{\circ}\boxed{\circ}\beta]$$

で実現されることを意味している．$\alpha\boxed{(}\boxed{)}\beta$ からの遷移はこれ以外にないため，この更新はいつでも実行できる．そしてこれが終われば，次は count$[\alpha\boxed{\circ}\boxed{\circ}\beta]$ の更新が可能になる．そのような関係をすべての場合について分析していくと，図 9.7 が完成する．

　図中の $\boxed{\bullet}\boxed{\circ}=\boxed{\circ}\boxed{\bullet}$ は，現在の状態コード $\alpha\boxed{\bullet}\boxed{\circ}\beta$ と次の状態コード $\alpha\boxed{\circ}\boxed{\bullet}\beta$ が count の中で記憶領域を共有していることに対応している．他の $=$ も同様である．矢印はデータの流れを示している．データが出る処理（参照）が完了する前にデータが入る処理（更新）を行ってはいけない．双方向の矢印はデータの交換（参照と更新）を同時に行うことを意味している．依存関係は三つのグループに分かれているが，それぞれのグループ内で番号順に処理されていればよい．

　$j = n$ のときは，上と同じ手順ですべてのデータを更新した後に，$\alpha q_j\boxed{\bullet}\beta$ から $\alpha q_j\boxed{\circ}\beta$ への状態遷移（Algorithm 9.2 の 17 行目）に対応するデータ更新

$$\text{count}[\alpha q_j\boxed{\circ}\beta] \leftarrow \text{count}[\alpha q_j\boxed{\circ}\beta] + \text{count}[\alpha q_j\boxed{\bullet}\beta]; \quad \text{count}[\alpha q_j\boxed{\bullet}\beta] \leftarrow 0$$

を実行する．

　以上の手順に従えば，大きな一時変数 tmp を使用する必要がなくなる．これによって，メモリ使用量を半分にすることができた．21×21 の問題を解くために必要なメモリは約 50 ギガバイトになった．

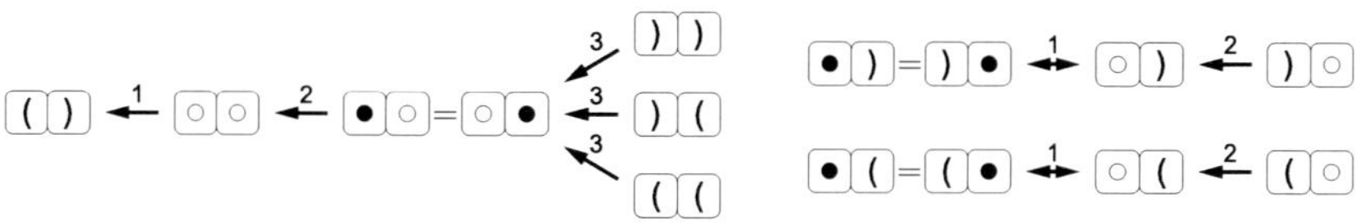

図 **9.7**　データ更新の順序

9.8 共有メモリ並列処理

q から q' への状態遷移において，j 文字目からの 2 文字の変化を除けば他の位置の文字はほとんど変化しない．例外は Algorithm 9.2 の 14 行目と 16 行目であるが，その場合でも他の位置の文字は ⦗ から ⦘，あるいは ⦘ から ⦗ に変化するだけだ．そこで，次の文字列 $g = g_1 g_2 \cdots g_{n+1}$ を識別子として状態をグループ化すると，すべての状態遷移はそのグループ内でしか起こらないことが保証される．

$$
g_k = \begin{cases} 0 & k = j,\ k = j + 1,\ \text{または}\ q_k = \boxed{\circ}\ \text{のとき} \\ 1 & \text{それ以外} \end{cases} \qquad (k = 1, 2, \ldots, n + 1)
$$

このことを利用して全状態についての処理（Algorithm 9.1 の 4 行目から）をタスクに分割すると，それぞれのタスクは互いにデータ交換を行うことなく並列に実行することができる．実際には，g 全体ではなく適切な大きさの部分文字列，たとえば g の先頭から $\lceil n/2 \rceil$ 文字を取り出して使うことで，タスクの粒度を調整するとよい．

この方法の並列化効率は十分に高く，筆者が行った実験では 40 CPU コアで約 30 倍，80 CPU コアで約 50 倍の速度向上を確認することができた．

9.9 モジュラ計算

おねえさんの問題の答は巨大な整数になるので，1 の位まで正確な値を直接計算するには多倍長の整数を使う必要がある．たとえば，$n = 26$ の問題を 1 回の計算で解くには 64 ビット計算機で 9 ワード使った整数データ構造が必要だ．中国の剰余定理（Chinese remainder theorem）を利用すると，1 ワードの整数を使った 9 回程度の計算から同じ答を導き出せることが知られている．

定理の詳細については数学の文献に譲ることにするが，それを利用するために必要なアルゴリズム上の変更は，多倍長整数による演算を与えられた 1 ワード整数 m を法としたモジュラ計算に置き換えることである．演算といってもここでは足し算しか登場しないので，モジュラ計算の実装は簡単だ．$2 \leq m \leq 2^{64}$ とし，0 以上 m 未満の整数 x と y が 64 ビットの符号なし整数に収められているとする．$x + y$ (mod m) を求めるには，まず桁あふれを無視して 64 ビットの符号なし整数として x に y を加える．もしその結果が m より大きい値か（桁あふれして）y よりも小さい値になったら，さらにそこから桁あふれを無視して m を引けばよい．

おねえさんの問題を解くためのメモリのほとんどは，整数データの巨大な配列に

よって消費されている．したがって9ワードの整数を1ワードの整数に置き換えることで，全体のメモリ使用量を9分の1に抑えることができる．その代わり実行回数を1回から少なくとも9回に増やさなければならないが，各回は完全に独立しているため，それらは複数の計算機で同時に実行することができる．

筆者らが実際に行った $n = 26$ の計算では，1回の計算時間は Xeon E7-4870 を4基使用した40 CPU コアの並列計算で約36時間，使用したメモリーは約1400メガバイトであった．

9.10 まとめ

ここでは，筆者らが $n = 26$ までの答を計算する際に使用したさまざまな技法を紹介した．おねえさんの問題は，ほぼ 3^n に比例する計算時間とメモリが必要な，厳しい問題である．筆者らは，定数倍の性能改善を積み重ねていくことによって，記録の更新に挑んだ．

$s{-}t$ 経路に対するフロンティア法のアルゴリズムの汎用性は高く，任意のグラフに対して適用可能なものである．これをおねえさんの問題の格子グラフに特化することで，場合分けを考慮する辺を半数に削減したり状態コードを計算機の1ワードに収めたりすることが可能になった．さらに，可能な状態コードを分析してすべて数え上げることにより，状態コードに1からの通し番号を与える最小完全ハッシュ関数を定義した．これによって，巨大なハッシュテーブルのために消費されていた計算時間とメモリを大幅に削減した．さらに，表引きを使用した高速化やその場でのデータ更新を導入することで性能を改善し，並列化によって計算機のリソースを最大限に活用できるようにした．これらさまざまな技法の積み重ねによって，最終的には2桁以上の高速化を達成することができた．

実際のプログラムは現在 https://github.com/kunisura/GGCount で公開されている．改変自由なので，興味をもたれた方はさらなる改良に挑戦していただきたい．

アルゴリズム理論では，より一般性の高い物を構築することが良いこととされ，実際に利用する際も一般性の高い物のほうがありがたい．しかしその一方で，ある種の特別な問題に対して F1 レースのような強烈なチューンアップが求められることもある．このような場合，アルゴリズム理論は無力かというとそのようなことはない．アルゴリズム理論的な視点による改良は計算の本質を捉えているため，このような特化したケースにおいてもその威力を発揮するのである．より一般性をもつ

ZDD 理論の構築とおねえさんの問題の効率化は，全く異なるもののようであって実は表裏一体であり，研究の基礎となる考え方と理論が違う形で世に現れたものなのである．上記の改良もアルゴリズム的，数理科学的な視点から考えているため非常に明確であるが，これを理論なしで考え出したとして，果たしてきれいかつ簡潔な手法として構築できたかどうかは疑わしい．計算の本質を捉えることによって初めて，世界トップレベルの性能が実現されるのである．

□ 第 9 章の関連図書・参考文献

[1] 土居誠史 他.『フカシギの数え方』おねえさんといっしょ！ みんなで数えてみよう！
日本科学未来館, 2012. http://www.youtube.com/watch?v=Q4gTV4rOzRs.

[2] A007764: Number of nonintersecting (or self-avoiding) rook paths joining opposite corners of an $n \times n$ grid. *The On-Line Encyclopedia of Integer Sequences.*
http://oeis.org/A007764.

[3] M. Bousquet-Mélou, A. J. Guttmann, and I. Jensen. Self-avoiding Walks Crossing a Square. *Journal of Physics A: Mathematical and General*, 38, pp. 9159–9181, 2005.

[4] R. Donaghey and L. W. Shapiro. Motzkin Numbers. *Journal of Combinatorial Theory, Seires A*, 23(3), pp. 291–301, 1977.

第10章 BDD / ZDD — 論理と集合に関する演算処理系の技法

執筆担当:湊　真一

　これまで ZDD を用いたグラフ列挙アルゴリズムについて述べてきたが，ZDD は「ゼロサプレス型二分決定グラフ」という呼び名が示すとおり，二分決定グラフ (BDD: binary decision diagram) と総称されるデータ構造の中の一種である．元々は BDD が先に考案されて広く使われるようになり，その派生形として ZDD が考案され，用途に応じて両者が使い分けられるようになった．この章では，BDD と ZDD についてやや詳しく解説する．

10.1　BDD: 論理関数の演算処理系

　n 入力の論理関数 (logic function) とは，$\{0,1\}$ の 2 値（論理値）をとる n 個の変数 $(x_1, x_2, \ldots, x_n)$ を入力変数とし，n ビットの 0, 1 の入力組合せに対して，それぞれ定められた論理値を出力する関数である[1]．論理関数を表現する最も基本的な方法は，**真理値表** (truth table) を用いる方法である．図 10.1 に，$F = a\,b + \bar{c}$（a かつ b，または c でない）という論理関数を表す真理値表の例を示す．真理値表は 2^n 通りのすべての入力組合せに対する論理関数の出力値を列挙することにより，論理関数を一意に表す．ただし，どんなに単純な論理関数であっても常に 2^n ビットのデータ量を必要とする．この図のように $n = 3$ のときはわずか 8 通りで済むが，$n = 30$ になると約 10 億ビットのデータ量となってしまい，それに応じた計算時間も必要となる．

a	b	c	F
0	0	0	1
0	0	1	0
0	1	0	1
0	1	1	0
1	0	0	1
1	0	1	0
1	1	0	1
1	1	1	1

図 **10.1**　論理関数 $F = a\,b + \bar{c}$ の真理値表

---

[1] ブール関数 (Boolean function) またはスイッチング関数 (switching function) とも呼ばれる．

BDD（binary decision diagram: 二分決定グラフ，原著論文は関連図書 [1] を参照）は，1980 年代後半に VLSI 設計の分野で発展した，論理関数データのグラフによる表現である．BDD は，記憶効率や処理速度の面で優れており，1990 年頃から，論理回路設計をはじめとするさまざまな分野で広く使われるようになった．

BDD は，図 10.2（a）に示すような論理関数の非巡回有向グラフによる表現である．これは図 10.2（b）の場合分け二分木を圧縮することによって得られる．この場合分け二分木は，論理関数の各入力変数に 0，1 の組合せを入力したときの論理関数の出力値を表しており，二分木の葉を 1 列に並べると，論理関数の真理値表と同じものになる．

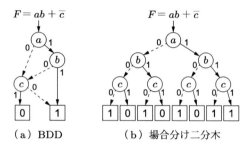

図 **10.2** BDD と場合分け二分木

場合分け二分木で，変数を場合分けする順序が常に同じ（図では a，b，c の順）になるように固定し，

（1）冗長な節点（0-枝と 1-枝の行き先が同じ）を削除し読み飛ばす（図 10.3（a））．
（2）等価な節点（入力変数ラベルが同じで，0-枝同士，1-枝同士の行き先が同じ）を共有する（図 10.3（b））．

という処理を可能な限り行うことにより「既約」な形の BDD が得られ，論理関数

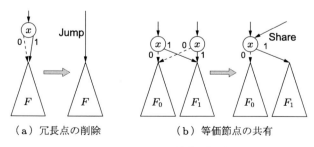

図 **10.3** BDD の簡約化規則

をコンパクトかつ一意に表現できることが知られている．このような既約な順序付き BDD のことを **reduced ordered BDD (ROBDD)** と呼ぶ．多くの場合，単に BDD というときはこの ROBDD のことを指す．

BDD の記憶量は，論理関数の性質に依存し，最悪の場合は真理値表と同様に，入力変数の個数に対して指数関数的なサイズとなるが，およそ人間が設計するような論理式や論理回路で表現された論理関数に対しては，多くの場合，非常にコンパクトに圧縮されたグラフになる．それに加えて，BDD には論理関数を一意に表せるという大きな特長がある．図 10.4 に典型的な論理関数の BDD を示す．このように，n 入力 AND, OR, EXOR の論理関数（さらに一部の入力や出力に否定がついたもの）は，n に比例する節点数で表現可能である．この他にも，多くの実用的な論理関数を BDD によりコンパクトに表現できる．論理関数の性質にもよるが，数十から数百個もの入力変数をもつ論理関数を，汎用 PC のメモリ容量（数 GB 程度）の範囲で現実的に表現することができる．

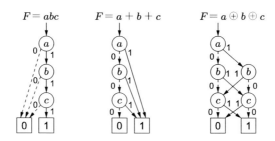

図 **10.4** 典型的な論理関数の BDD

10.2　BDD と ZDD

前節で紹介した BDD は論理関数を表現するためのデータ構造であるが，BDD を使って組合せ集合を表現することができる．図 10.5 は $F = a\,b\,\bar{c} + \bar{b}\,c$ という論理関数を表す真理値表であるが，真理値表の出力が 1 になっている行が，集合に含まれる組合せを表していると考えれば，$S = \{ab,\ ac,\ c\}$ という組合せ集合とみることもできる．このように，論理関数と組合せ集合は 1 対 1 の対応関係があり，BDD で論理関数を表現するということは，同時に組合せ集合を表現するということでもある．

ZDD（ゼロサプレス型 BDD）は，組合せ集合を効率良く表現するための BDD の改良型である．これは 1993 年に筆者（湊）が考案・命名したもので，BDD の派

a	b	c	F
0	0	0	0
0	0	1	1
0	1	0	0
0	1	1	0
1	0	0	0
1	0	1	1
1	1	0	1
1	1	1	0

$\longrightarrow c$

論理関数とみた場合：
$$F = a\,b\,\bar{c} + \bar{b}\,c$$

組合せ集合とみた場合：
$$S = \{ab, ac, c\}$$

$\longrightarrow ac$

$\longrightarrow ab$

図 **10.5** 論理関数と組合せ集合の対応

生形の中で最も重要なものとして現在も広く使われている（原著論文は関連図書 [6] を参照）．

図 10.6 に示すように，BDD と ZDD はどちらも場合分け二分木を圧縮して得られるグラフであるが，圧縮規則が若干異なるため，圧縮後に得られる形は一般に異なる．図 10.7 に BDD と ZDD の節点削除規則を再掲する．BDD では，図 10.7（a）に示すように，分岐節点における 0-枝と 1-枝の行き先が同じであれば削除して読み飛ばすのに対して，ZDD では，図 10.7（b）に示すように，1-枝が 0-終端節点を直接指している場合にその節点を取り除き，0-枝の行き先に直結させる．

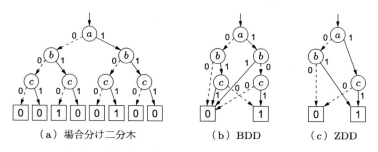

（a）場合分け二分木　　（b）BDD　　（c）ZDD

図 **10.6** 同じ場合分け二分木を圧縮した BDD と ZDD

　BDD と ZDD は，冗長節点削除の規則は異なるが，等価な節点の共有の規則は同じである．BDD や ZDD で組合せ集合を表現する際に，部分的に類似した組合せが多数出現する場合には，等価な節点が多く出現し，それらが互いに共有されて，コンパクトに圧縮された表現となりやすい．さらにゼロサプレス型の節点削除規則を用いると，組合せ集合に無関係な（一度も出現しない）アイテムに関する節点が自動的に削除されることになる．この削除規則は，とくに疎 (sparse) な組合せの集合に対して顕著な効果がある．図 10.8 に，疎な組合せ集合を表す ZDD と BDD を比較し

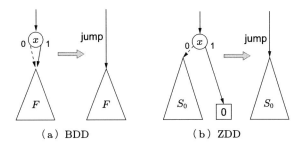

図 **10.7** BDD, ZDD の節点削除規則

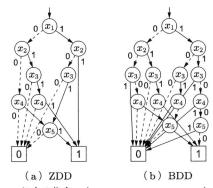

（a）ZDD　　　　　（b）BDD

組合せ集合：$\{x_1 x_3 x_5, x_1 x_2, x_2 x_3 x_4, x_4 x_5\}$

図 **10.8** 疎な組合せの集合を表す ZDD と BDD

た例を示す．この例では，明らかに ZDD の方が節点の飛び越しが多く簡潔に表現
できている．一方，図 10.9 のように密 (dense) な組合せ集合を表す場合は，BDD
の方が簡潔になることが多い．

　一般に，組合せ集合の各要素に含まれるアイテムの平均出現頻度が 1% であれば，
ZDD は BDD よりも 100 倍コンパクトになる可能性がある．第 3 章で述べたよう
に，スーパーマーケットの応用例では，陳列商品の総数は数百〜数千点あるのに対
して，1 人の顧客が 1 度に購入するアイテム数は高々数点〜数十点であり，平均出
現頻度は極めて小さい．このような場合，ZDD による圧縮効果は非常に大きい．

　BDD と ZDD を比較すると，BDD の節点削除規則は 0-枝と 1-枝に対して対称で
あるが ZDD は非対称である．一般に論理関数データを表現する場合は，0 と 1 が
対等な意味をもつことが多い．たとえば計算機内部の演算器などで 2 進数を扱う場
合，各桁の 0 と 1 は単なる二つの記号と考えることが多い．一方，組合せ集合を扱
う場合，スーパーマーケットの例のように，原則は 0（商品が選ばれない）で，1 と

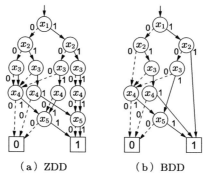

（a）ZDD　　　　（b）BDD

組合せ集合：$\{x_1 x_2,\ x_1 x_2 x_3,\ x_1 x_2 x_3 x_4,\ x_1 x_2 x_3 x_4 x_5,\ x_1 x_2 x_3 x_5,\ x_1 x_2 x_4,\ x_1 x_2 x_4 x_5,$
$x_1 x_2 x_5,\ x_1 x_3 x_5,\ x_1 x_3 x_4 x_5,\ x_2 x_3 x_4,\ x_2 x_3 x_4 x_5,\ x_4 x_5,\ x_1 x_4 x_5,\ x_2 x_4 x_5,\ x_3 x_4 x_5\}$

図 **10.9**　密な組合せの集合を表す ZDD と BDD

なるのは特別な場合（商品が購入されるとき）であるような応用がしばしばみられる．そのような非対称なモデルでは ZDD の方が適している．

10.3　入力変数の順序づけ

　一般に BDD は，同じ論理関数に対しても入力変数を展開する順序によって異なる形となり，その節点数も変化する．順序づけによる影響の大きさは論理関数の性質に依存し，全く変化しないものもあれば，激しく変動する場合もあり，ときには数百倍もの差が生じることがある．

　論理式や論理回路から BDD を生成する際に，変数順が不適当だと節点数が爆発的に増大し，途中で記憶あふれを起こして BDD を生成できない場合もあるため，変数順序づけは重要な問題である．任意の論理関数に対して節点数最小となる変数順を求める問題は，非常に計算時間がかかることがあり，困難な問題であることが知られている．これまでにいくつかの方法が研究されているが，多くの場合，入力変数の個数が 20〜30 程度までが，厳密に最適な順序を求められる限界である．

　実用的な観点からは，厳密に最適でなくても，比較的良い順序が得られれば十分であることも多い．たとえば，論理式や論理回路から BDD を生成する場合に，論理式や回路の構造をたどりながら，以下のような発見的手法により変数順序づけを行う方法が古くから知られている．

- 出力に対する影響力の強い変数は上位におく．
- 互いに関係の深い変数は互いに近い順序におく．

この方法は論理式や回路の構造に依存し，うまくいかないこともあるが，経験的には，多くの場合，無作為な順序に比べ相当に良い結果が得られることが知られている（原著論文は関連図書 [2,5] を参照）．

以上の変数順序づけの性質は BDD に関するものであるが，ZDD においてもアイテム変数の順序づけは同じように重要な問題である．BDD と ZDD は，等価な節点の共有に関する規則は同じなので，BDD のサイズが小さくなるような変数の順序づけは，ZDD の場合でも概して良い順序づけとなる傾向がある．

10.4　計算機内部での BDD / ZDD のデータ構造

これまで，場合分け二分木を圧縮したグラフという抽象的な表現で BDD/ZDD を説明してきたが，実際に計算機内部でどのように表現されているかを説明しよう．以下では BDD の場合について記すが，ZDD でもほとんど同じと考えてよい．

一般に，BDD の処理系では，ただ一つの BDD を生成するだけでなく，同時に複数の異なる BDD を扱うことが多い．これらの複数の BDD の間でも，変数の順序をすべて同じに固定しておけば，互いに部分グラフを共有することができる．実際の BDD 処理系では，一つの大きなメモリ空間の中の連続した領域に，BDD の節点データを並べて格納する巨大な「節点テーブル」を用意し，その中で，処理系に現れるすべての BDD を共有して表現する方法が用いられている．

図 10.10 に，共有化された複数の BDD の形と，それらをメモリ上の節点テーブルにまとめて表現した例を示す．BDD の各節点はメモリ上のアドレスに相当する節点 ID をもち，入力変数の ID，0-枝，1-枝の三つの属性によって一意に識別される．BDD 処理系は，初期状態では 0，1 の終端節点のみをもっており，BDD を構築する際には，新しい分岐節点が必要に応じて生成され，順々に節点テーブルに登

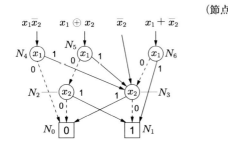

(節点 ID)	変数	0-枝	1-枝	(論理関数)
N_0	—	—	—	← $\boxed{0}$
N_1	—	—	—	← $\boxed{1}$
N_2	x_2	N_0	N_1	
N_3	x_2	N_1	N_0	← $\overline{x_2}$
N_4	x_1	N_0	N_3	← $x_1 \overline{x_2}$
N_5	x_1	N_2	N_3	← $x_1 \oplus x_2$
N_6	x_1	N_3	N_1	← $x_1 + \overline{x_2}$

図 **10.10**　複数の BDD の共有化とテーブルによるデータ表現

録されていく．ただし，新しい節点を登録しようとする直前に，完全に同じ属性をもつ等価な節点がすでに存在しているかどうかをチェックし，もしあれば節点の新規登録をキャンセルし，すでに存在している節点を共有して利用する．このようにして，BDD処理系全体にわたって冗長な節点が重複して存在しないように管理されている．

共有化されたBDDの処理系では，節点テーブルに登録された各節点は，自分自身を根節点とする1個のBDDに対応しており，それぞれが論理関数を一意に表している．これは非常に強力な性質であり，たとえば，二つのBDD F, G が論理関数として等価かどうかを判定したいとき，それぞれのBDDをたどって形を比べる必要はない．もし F と G が論理的に等価なら，二つのBDDは完全に共有されているはずなので，両者の根節点を指すポインタのアドレスが一致するかどうかだけをみれば，定数時間で等価性判定が行えることになる．

ただし，これで二つの論理式の等価性判定が定数時間で行えると勘違いしてはいけない．実際には，論理式を表すBDDを構築するための計算時間が必要である．最悪のケースでは，BDD節点数が入力変数に対して指数的に増大し，計算機内部のメモリが不足して正しい処理を続行できなくなる．BDD処理系ではすべての節点をハッシュテーブルに登録して重複生成を防いでいるので，データに対するランダムアクセス性が非常に激しい．そのため，節点テーブルがメモリから2次記憶にあふれ出ると，処理速度が極端に低下して使い物にならなくなる．実際のBDD処理系では，使用する計算機のメモリ容量に応じて，最大のBDD節点数をあらかじめ指定しておき，それを使い切った時点でプログラムを異常終了させるという使い方をすることが多い．

また，上記と同じような理由で，BDD処理系では効率の良い並列処理もなかなか難しく，永年の研究課題の一つとなっている．現時点では，単一プロセッサで巨大なメモリ空間を高速にランダムアクセスできるようなアーキテクチャをもつ計算機がBDD処理に適している．

10.5 BDD/ZDDの基本演算とその処理アルゴリズム

BDDを構築する際に，場合分け二分木をまず構築してから圧縮してつくる方法では，二分木のサイズが真理値表と同様に常に指数サイズになってしまうので，そこで計算時間やメモリを消費してしまい実用的でなくなる．この問題を解決する方法として，二つの既約なBDDを入力とし，それらの二項論理演算（AND, OR, EXOR

など）の結果を表す既約な BDD を直接生成するアルゴリズムが 1986 年に Bryant[1] により考案された．これによって，任意の論理式の論理関数を表す BDD を，多くの場合，非常に効率よく生成できるようになり，BDD が広く実用的に使われるようになった．

表 10.1 は，BDD 処理系の基本演算をまとめたものである．これらの基本演算を用いて，論理式 $F = a\,b + \bar{c}$ に対応する BDD を生成した例を図 10.11 に示す．まず var 演算で a, b, c を表す BDD をつくっておき，次に a と b の AND 演算により $(a\,b)$ を表す BDD をつくる．続いて c の否定を表す $\bar{c}$ の BDD をつくり，最後に $(a\,b)$ と $\bar{c}$ の OR 演算により F を表す BDD が得られる．このようにして，任意の与えられた論理式に対応する BDD を構築できる．

表 **10.1** BDD の基本演算

演算名	内　容
0	恒偽関数の BDD（0-終端節点）を返す．
1	恒真関数の BDD（1-終端節点）を返す．
$var(x)$	変数 x そのものを表す論理関数の BDD を返す．
$F \wedge G$	F と G の論理積（AND 演算）の BDD を返す．
$F \vee G$	F と G の論理和（OR 演算) の BDD を返す．
$F \oplus G$	F と G の排他的論理和（EXOR 演算) の BDD を返す．
$\tilde{\ }F$	F の否定（NOT 演算）の BDD を返す．
$F_{(x=0)}, F_{(x=1)}$	F に関して入力変数 x に 0 または 1 を代入して得られる部分関数を返す．
$F.top$	F の根節点の変数名（識別子）を返す．
$F.count$	$F = 1$ となる入力組合せの数を返す．

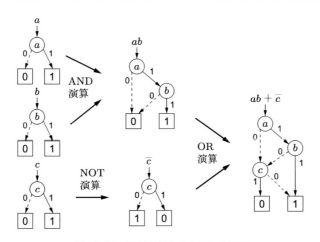

図 **10.11** 論理式からの BDD の構築

BDD の基本演算に必要な計算時間は以下のとおりである．**0**，**1** は終端節点の BDD を，$var(x)$ は分岐節点 1 個だけの BDD を返すので，明らかに定数時間である．AND, OR, EXOR の二項論理演算は，入力と出力の BDD の節点数の総和にほぼ比例する時間で実行する方法が知られている．代入演算 $F_{(x=0)}$，$F_{(x=1)}$ は，x が根節点の変数の場合は 0-枝または 1-枝を 1 回たどるだけなので，BDD の節点数によらず定数時間で実行できるが，x が根節点の変数でない場合は，x よりも上流にある節点の個数に比例する計算時間が必要となる．最後の $count$ 演算の結果の数値は，論理関数の入力変数の個数に対して指数的に巨大な数になることがあるが，どんなに大きな数になっても BDD の節点数に比例するステップ数で計算できるという特長をもつ．

　BDD 同士の二項論理演算アルゴリズムは，BDD 処理技法の中の核心的な部分である．詳細な解説については，情報処理学会誌の解説記事[3]などがあるので，ここでは基本的な考え方だけを記しておく．BDD として与えられた論理関数 F，G に対する二項論理演算 $[op]$ の結果を $H = (F\ [op]\ G)$ とする（$[op]$ には実際には AND, OR, EXOR などの演算が入る）．F，G の最上位の入力変数を x とすると，図 10.12 のように，H を表す BDD の根節点の入力変数も通常は x となっているはずである．さらに根節点の分岐先をそれぞれ $H_{(x=0)}$，$H_{(x=1)}$ とすると，それらは，もとの F，G に対して $x = 0, 1$ を代入して得られる部分関数 $F_{(x=0)}$ と $G_{(x=0)}$，および $F_{(x=1)}$ と $G_{(x=1)}$ の論理演算の結果となっているはずである．このようにして分解されたそれぞれの部分関数は，もはや x を含まないので，入力変数の個数が一つ減っている．この分解を再帰的に繰り返すと，分解するたびに入力変数が一つずつ減っていき，最終的に自明な演算になったところで，0 または 1-終端節点として演算結果が得られる．あとは得られた部分関数の演算結果の BDD を，分解した構造に従って組み上げることにより，H 全体の BDD が構築できる．

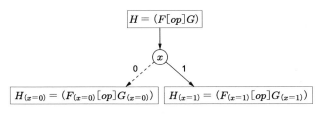

図 10.12　BDD 同士の二項論理演算の分解

この方法を単純に実行すると，二分木状の再帰的な手続き呼び出しが必要になり，入力変数の個数に対して常に指数回の計算ステップが必要になる．しかし，

- 途中で生成したすべての BDD 節点を共通のハッシュテーブルに登録しておき，これをチェックすることにより，等価な節点は重複して生成しないようにする．

- 途中の演算結果を記録しておく「演算キャッシュ」と呼ぶテーブルを用意し，同じ演算が過去に行われていれば，再帰呼び出しをせずに即座に結果を返す．

という二つの高速化技法を用いることにより，演算対象の BDD の節点数にほぼ比例する時間で論理演算を実行できる．つまり，BDD がコンパクトに圧縮できるような論理関数に対しては，非常に高速に BDD を生成できることになる．

ここまで BDD の処理系について述べたが，ZDD についても組合せ集合を扱う演算処理系を構成することができる．その基本演算を表 10.2 に示す．組合せ集合の共通集合 (intersection)，和集合 (union)，差集合 (set difference) は，通常の BDD の

表 **10.2** ZDD の基本演算

演算名	内　容
$\emptyset$	空集合の ZDD（0-終端節点）を返す．
$\{\lambda\}$	空の組合せ要素 1 個を表す ZDD（1-終端節点）を返す．
$P \cap Q$	P と Q の共通集合（intersection）の ZDD を返す．
$P \cup Q$	P と Q の和集合（union）の ZDD を返す．
$P \setminus Q$	P と Q の差集合（P にあって Q にないもの）の ZDD を返す．
$P.offset(x)$	P の中で x を含まない組合せからなる部分集合を取り出す．
$P.onset(x)$	P の中で x を含む組合せからなる部分集合を取り出し，各組合せから v を取り除いた組合せ集合を返す．
$P.change(x)$	P の各組合せについて，アイテム x の有無を反転させる．
$P.top$	P の根節点のアイテム名（識別子）を返す．
$P.count$	P に属する組合せの個数を返す．

(組合せ集合に特有の拡張演算)

演算名	内　容
$P * Q$	P と Q の直積集合（cross product）の ZDD を返す．
P/Q	P を Q で割った商（quotient）の ZDD を返す．
$P \% Q$	P を Q で割った剰余（remainder）の ZDD を返す．
$P.permit(Q)$	P に属する組合せのうち，Q に属する少なくとも一つの組合せに包含されているものだけを集めた ZDD を返す．
$P.restrict(Q)$	P に属する組合せのうち，Q に属する少なくとも一つの組合せを包含するものだけを集めた ZDD を返す．

論理演算（AND，OR，EXOR 等）を，対応する ZDD の集合演算に置き換えたものと考えてよい．*offset*，*onset*，*change* の演算も，BDD の代入演算や *var* 演算に対応づけられる．一方，後半の五つの演算（直積，商，剰余，*permit* 演算，*restrict* 演算）は，ZDD が考案された際に新たに追加された演算で，論理演算には直接対応するものがなく，組合せ集合に特有の拡張演算といえる．

組合せ集合 P, Q の直積とは，P と Q からそれぞれ一つ組合せを取り出してペアをつくり，その少なくとも一方に含まれるアイテムの組合せを，すべてのペアについてつくって集めたものである．以下に例を示す．

$$\{ab, b, c\} * \{\lambda, ab\} = \{(ab \cdot \lambda), (ab \cdot ab), (b \cdot \lambda), (b \cdot ab), (c \cdot \lambda), (c \cdot ab)\}$$
$$= \{ab, abc, b, c\}$$

別の見方をすると，組合せ集合の直積とは，多項式の乗算 $(ab + b + c)(1 + ab)$ を計算していると考えることもできる．ただし集合表現では，組合せ要素の個数は数えないので，次数や係数は無視して，$x \times x = x$，$x + x = x$ としたものである．このように考えると，多項式の除算に相当する演算もつくることができ，それが組合せ集合の除算（商および剰余）となっている．たとえば，

$$abc + bc + ac = (a + 1)bc + ac$$

であるので，多項式 $(abc + bc + ac)$ を単項式 bc で割る場合の商と余りは

$$\{abc, bc, ac\}/\{bc\} = \{\lambda, a\},$$
$$\{abc, bc, ac\}\%\{bc\} = \{ac\}$$

となる．多項式を多項式で割る場合はもう少し複雑であるが，たとえば，

$$abd + abe + abg + cd + ce + ch = (ab + c)(d + e) + abg + ch$$

であるので，

$$\{abd, abe, abg, cd, ce, ch\}/\{ab, c\}$$
$$= (\{abd, abe, abg, cd, ce, ch\}/\{ab\}) \cap (\{abd, abc, abg, cd, ce, ch\}/\{c\})$$
$$= \{d, e, g\} \cap \{d, e, h\}$$
$$= \{d, e\}$$

となり，その剰余は，

$$\{abd, abe, abg, cd, ce, ch\} \% \{ab, c\}$$
$$= \{abd, abe, abg, cd, ce, ch\} \setminus (\{ab, c\} * \{d, e\})$$
$$= \{abg, ch\}$$

と計算できる．

　permit 演算と *restrict* 演算は，ある条件で列挙した組合せ集合に対して，さらに条件を追加して絞り込むときに便利な演算である．たとえば

$$P = \{ab, abc, b, c\}, \quad Q = \{ab, ac\}$$

のときに $P.permit(Q)$ を考えると，P に属する ab と b は Q に属する ab に包含され，P に属する c は Q に属する ac に包含されるので，

$$P.permit(Q) = \{ab, b, c\}$$

となる．一方，$P.restrict(Q)$ を考えると，P に属する ab は Q に属する ab を包含し，P に属する abc は Q に属する ab（または ac）を包含するので，

$$P.restrict(Q) = \{ab, abc\}$$

となる．

　組合せ集合の直積と除算は，数学的に興味深い代数系を構成する．計算機科学界の巨人として知られる D. E. Knuth は，ZDD の演算処理系にとくに関心をもち，「アルゴリズムのバイブル」とも呼ばれる世界的な教科書 "The Art of Computer Programming" の最近の巻[4]で，組合せ集合に関する多彩な演算（$P \sqcap Q$, $P \sqcup Q$, $P \boxplus Q$, $P \diagup Q$, $P \diagdown Q$, $P^{\uparrow}$, $P^{\downarrow}$, 等）を考案し，これらを総称して "Family Algebra" と呼んで詳しく論じている．

　ZDD の基本演算の計算時間については，$\emptyset$, $\{\lambda\}$ は明らかに定数時間で実行できる．$P.offset(x)$, $P.onset(x)$, および $P.change(x)$ の演算は，BDD のときの *restrict* 演算と同様に，アイテム x が ZDD の根節点にあれば定数時間で実行でき，そうでなければ x より上流にある節点数に比例する計算時間となる．二つの ZDD の二項集合演算は，通常の BDD の二項論理演算とほとんど同様の再帰的なアルゴリズムで実現でき，ZDD の節点数にほぼ比例する計算時間で実行できる．直積，除算，*permit*, *restrict* のような拡張演算は，基本的な二項演算よりも少し処理が複雑で，正確な計算時間を見積もるのは難しいが，経験的には，ZDD 節点数の 1.5 乗程度の計算時間で実行できることが多い．ZDD に関する演算処理アルゴリズムの詳細を知りたい人には，上記の Knuth の教科書が最も詳しく書かれているが，これを読むには相当時間がかかるので，その前に文献 [7] を一読することをお薦めする．

□ 第 10 章の関連図書・参考文献

[1] R. E. Bryant. Graph-based algorithms for Boolean function manipulation. *IEEE Transactions on Computers*, Vol. C-35, No. 8, pp. 677–691, 1986.

[2] M. Fujita, H. Fujisawa, and N. Kawato. Evaluation and implementation of boolean comparison method based on binary decision diagrams. In *Proc. of IEEE International Conf. on Computer-Aided Design (ICCAD-88)*, pp. 2–5, 1988.

[3] 藤田昌宏, 佐藤政生. 特集: BDD（二分決定グラフ）. 情報処理学会誌, Vol. 34, No. 5, pp. 584–630, 1993.

[4] D. E. Knuth. *The Art of Computer Programming: Bitwise Tricks & Techniques; Binary Decision Diagrams*, Vol. 4, fascicle 1. Addison-Wesley, 2009.（和田英一訳：The Art of Computer Programming Vol. 4, fascicle 1 日本語版, アスキーメディアワークス, 2011）

[5] S. Minato, N. Ishiura, and S. Yajima. Shared binary decision diagram with attributed edges for efficient Boolean function manipulation. In *Proc. of 27th ACM/IEEE Design Automation Conference*, pp. 52–57, 1990.

[6] Shin-ichi Minato. Zero-suppressed BDDs for set manipulation in combinatorial problems. In *Proc. of 30th ACM/IEEE Design Automation Conference (DAC'93)*, pp. 272–277, 1993.

[7] Shin-ichi Minato. Zero-suppressed BDDs and their applications. *International Journal on Software Tools for Technology Transfer*, Vol. 3, pp. 156–170, 2001.

さらに広がる BDD / ZDD の応用

執筆担当：湊　真一

本書では，「おねえさんの問題」から始まって，関連するさまざまなグラフの問題を，**ZDD** を用いて列挙・索引化する技法について述べてきた．**BDD/ZDD** は，論理や組合せという，基礎的で単純な概念を扱うデータ構造であるが，これをさらに拡張することにより，頻度を表す数値を扱ったり，文字列や順列などのより高度な概念を表現することもできる．この章では，現在も研究が進められている発展的な技法，およびその応用について紹介する．

11.1 ZDD を用いたデータベース解析

読者の皆さんの中には，データマイニングという言葉を聞いたことのある人も多いのではないだろうか．計算機の力を借りて大量のデータを解析処理して，その中から何らかの価値のある知識を発掘することを，一般に**データマイニング** (data mining) と呼ぶ．以下では，ZDD をそのようなデータベース解析に応用する技法を紹介する．

11.1.1 頻出アイテム集合マイニング

頻出アイテム集合マイニング (frequent itemset mining)（または頻出パタンマイニングとも呼ばれる）とは，最も基本的なデータマイニングの問題である．任意のアイテムの組合せを 1 件のデータとして扱うデータベースに対して，ある最小頻度 θ を与えたときに，データベース中に θ 回以上頻出するアイテムの部分集合（パタン： pattern）をすべて列挙せよ，という問題である．図 11.1 に簡単な例を示す．この例では，各データベースの各エントリは，スーパーマーケットでの 1 人のお客さんの商品購入記録（トランザクション：transaction）を表しているとみることもできる．このようなアイテムの組合せを 1 件のデータとして記録したデータベースは，**アイテム集合データベース** (itemset database) または**トランザクションデータベース** (transaction database) と呼ばれる．この図で示したデータベース D は，全部で 11 個のトランザクションからなる．パタン ab はそのうち 8 回出現しており，パタン bc は 7 回，ac と abc は 5 回出現している．もし最小頻度 $\theta = 7$ を与えたとすると，頻出パタンの集合は $\{\lambda, a, ab, b, bc, c\}$ となる．最小頻度の閾値 θ が小さいほ

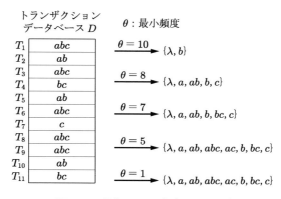

図 **11.1** 頻出アイテム集合マイニング

ど，多くのパタンが頻出となる．極端な値として $\theta = 1$ を与えた場合，すべての部分集合が頻出となるため，頻出パタンの総数は，アイテムの種類数に対して指数的な個数となる．

　実用的な大きさのデータベースに対して，頻出アイテム集合マイニングを行う場合，最小頻度 θ の値が低すぎると，計算時間がかかりすぎる上に，得られた頻出パタンの個数が多すぎて人間が読み切れなくなる．そこで，まず非常に大きな θ を与えて，比較的短時間でごく少数の自明な頻出パタンを求めるようにする．そこから θ を徐々に小さくして繰り返しマイニングを試行すると，だんだん頻出パタンの個数が増えていく．そこで，適当な大きさ（たとえば 100 個程度）になったところで止めて，得られた頻出パタンを表示または印刷して，何か面白いパタンが出ていないか調べる，というのが一般的な利用法である．

　このような頻出アイテム集合の列挙アルゴリズムに関しては，1990 年代後半より研究が盛んになり，これまでにさまざまな技法が提案されている．中でも，2002〜2005 年頃にかけて宇野が開発した「LCM アルゴリズム」[8]は，当時のデータマイニングの国際競技会で優勝しており，世界最高速のマイニング法として知られている．この LCM 法に ZDD 技術を組み合わせたものが **LCM-ZDD 法**[5]である．従来の LCM 法が，得られた頻出パタンを順番にファイルに出力していくのに対して，LCM-ZDD 法は，図 11.2 に示すように，頻出パタンを列挙する ZDD をメモリ上に構築して，その根節点へのポインタを計算結果として返すというものである．この ZDD では根節点から 1-終端節点へ至る経路が 6 本あるが，それぞれが頻出パタンに対応している．そしてその経路は互いに共有されれば，パタン数よりも圧倒的に

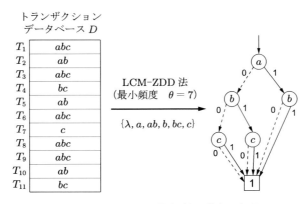

図 **11.2** ZDD による頻出パタン集合の表現

少ない節点数の ZDD ですべてのパタンを表現して出力できることになる.

表 11.1 に,典型的なベンチマーク例題で実験した結果を示す.この表のうち,BMS-WebView-1 という名前のデータベース例題の実験結果をみると,θ の値をだんだん下げていくに従って頻出パタン数が指数的に増えていくが,ZDD の節点数はそれほど大きくならないことがわかる.従来の LCM 法では,解の個数に比例して計算時間が増大するが,LCM-ZDD 法を用いれば最大で 15 億個もの頻出パタンを100 倍以上高速に計算できることがわかる.一方,T10I4D100K という名前のデータベース例題では,残念ながら ZDD の圧縮がほとんど効いていない.実はこの例題は乱数を使って人工的に生成したデータベースであり,似たようなパタンがほとんど現れないため,ZDD の共有がほとんどできない.それでも,通常の LCM より少しは速くなっている.

ところで,15 億通りものパタンが高速に得られたとしても,人間はそんなに膨大なパタンを読めないので意味がないと思う人がいるかもしれない.しかし,ZDD はただ圧縮して列挙するだけでなく,ZDD 同士の集合演算を行うことができる.たとえば,図 11.3 に示すように今日のデータベースと昨日のデータベースがあったときに,LCM-ZDD 法でそれぞれの頻出パタンの ZDD(膨大なパタン数)をコンパクトに圧縮して生成できたとしよう.それらの ZDD 同士の集合演算を実行することによって,昨日は非頻出で今日だけ頻出なパタンであるとか,昨日も今日も続けて頻出なパタンといった,特徴的な出現の仕方をする頻出パタンのみを抽出することが可能になる.従来の LCM 法では,頻出パタンをファイルに出力したあとの集合演算に時間がかかりすぎるので,限られた個数の高頻度パタンだけしか抽出できな

表 **11.1** LCM-ZDD 法の実行結果

データベース例題： 最小頻度 θ	頻出パタン数	LCM-ZDD 法 ZDD 節点数	時間 (秒)	LCM 法 時間 (秒)
mushroom: 1,000	123,287	760	0.50	0.64
500	1,442,504	2,254	1.32	3.29
300	5,259,786	4,412	2.25	9.96
200	18,094,822	6,383	3.21	31.63
100	66,076,586	11,584	5.06	114.21
70	153,336,056	14,307	7.16	277.15
50	198,169,866	17,830	8.17	357.27
BMS-WebView-1: 50	8,192	3,415	0.11	0.12
40	48,544	10,755	0.18	0.22
36	461,522	28,964	0.49	0.98
35	1,177,608	38,164	0.80	2.24
34	4,849,466	49,377	1.30	8.58
33	69,417,074	59,119	3.53	144.98
32	1,531,980,298	71,574	31.90	3,843.06
T10I4D100K: 100	27,533	8,482	0.85	0.86
50	53,386	16,872	0.97	0.98
20	129,876	58,413	1.13	1.20
10	411,366	173,422	1.55	1.64
5	1,923,260	628,491	2.86	3.54
3	6,169,854	1,576,184	5.20	8.14
2	19,561,715	3,270,977	9.68	22.66

2.4 GHz Core2Duo E6600 PC, 主記憶 2 GB, SuSE Linux 10, GNU C++

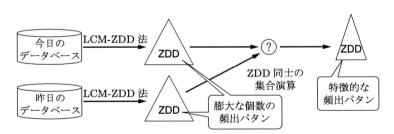

図 **11.3** ZDD の集合演算を用いたデータベース解析

かった．ZDD によって初めて，膨大なパタンの中からの抽出ができるようになった
といえる．

11.1.2 組合せ頻度表とZDDベクトル表現

頻出アイテム集合マイニングの例でもみられるとおり，データマイニングの応用では，データベース中のアイテム組合せの出現頻度を数えることがしばしば重要となる．**組合せ頻度表** (itemset-histogram) は，そのような用途に使われるデータ表現である．図 11.4 に例を示す．中央の頻度表は，データベースの各トランザクションのアイテム組合せに関する頻度表であり，右側の頻度表は出現する部分的パタン（アイテムの部分集合）に関するものである．実用的な規模のデータベースに対して，完全な頻度表をつくろうとすると，データ量が非常に大きくなる場合があり，効率のよいデータ構造を考えることは重要である．

トランザクション
データベース D

T_1	abc
T_2	ab
T_3	abc
T_4	bc
T_5	ab
T_6	abc
T_7	c
T_8	abc
T_9	abc
T_{10}	ab
T_{11}	bc

各トランザクションの
アイテム組合せに関する
組合せ頻度表

アイテム集合	頻度
abc	5
ab	3
bc	2
c	1

各トランザクションに含まれる
部分的パタンの組合せ頻度表

部分的パタン	頻度
a	8
ab	8
abc	5
ac	5
b	10
bc	7
c	8
λ	11

図 **11.4**　組合せ頻度表の例

ZDD は組合せ集合の表現であるため，各組合せが集合に属するかどうかだけを識別し，その個数を数えることができない．ZDD を用いて出現頻度を保持するための方法として，**ZDDベクトル表現**[4]がある．これは，整数値を m ビットの 2 進数に符号化して $(2^m - 1)$ までの頻度を表すこととし，図 11.5 のように 2 進数の各桁を表す ZDD の列：$(S_0, S_1, \ldots, S_{m-1})$ を並べたものである．S_0 は 2 進数の最下位ビットに相当し，出現頻度が奇数である組合せを集めた集合となる．S_1 は下から 2 ビット目が 1 となる組合せを集めた集合である．同様に，S_{m-1} までの ZDD を並べることで，m ビット以内の整数値の頻度をもつ組合せ集合を表現できる．図 11.5 の例では，組合せ頻度表は，$S_0 = \{abc, ab, c\}$，$S_1 = \{ab, bc\}$，$S_2 = \{abc\}$ と分解でき，それぞれの桁は単純な ZDD で表現できる．さらに，それらの ZDD は互いに

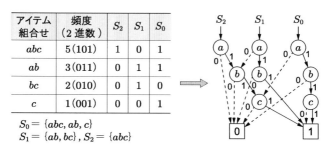

$S_0 = \{abc, ab, c\}$
$S_1 = \{ab, bc\}, S_2 = \{abc\}$

図 **11.5** 組合せ頻度表の ZDD ベクトル表現

節点を共有して表現できる.

　組合せ頻度表を ZDD ベクトルで表す場合, 2 進数の桁数 (ZDD の個数) は出現頻度の最大値の log に比例する. また, 各桁の ZDD の節点数は, すべてのアイテム組合せの出現頻度の総和を超えないことが容易に示せる. もし, 部分的に類似する組合せが多く含まれる場合は, ZDD のサブグラフが共有されてコンパクトな表現が得られる.

11.1.3 組合せ頻度表の代数系

　ZDD ベクトル表現で組合せ頻度表を表すと, さまざまな演算を効率よく行うことができる. 表 11.2 に組合せ頻度表の基本的な演算を示す. これらの演算は, いくつかの ZDD の演算を組み合せた手順で実現できる. 計算時間はおおよそ ZDD の総節点数に比例する.

　これらの演算を組み合せることにより, 頻出パタンマイニングの後処理過程として, さまざまなデータ解析を行うことが可能となる. たとえば,

- 頻出パタンの中から特定の部分パタンを見つけ出す.
- アイテム数の多いパタン／少ないパタンだけを取り出す.
- 二つのデータベースの頻出パタン同士の比較 (共通部分, 差分等) を行う.
- 統計的な数値を計算する (support, confidence 等)

等が挙げられる.

　ところで, 表 10.2 と表 11.2 を比べると, 両者が非常に類似していることがわかる. 組合せ頻度表は, 組合せの多重集合を表現しているともいえるので, 組合せ集合の自然な拡張となっていると考えてよい. 組合せの多重集合だとすると, 出現頻

表 **11.2** 組合せ頻度表の基本演算

演算名	内　容
c（c は非負整数）	λ だけが c 回出現する頻度表の ZDD ベクトルを返す（$c = 0$ のときは空集合を表す）.
$P + Q$	P と Q の対応する組合せ同士の頻度を算術加算した頻度表の ZDD ベクトルを返す.
$P - Q$	P と Q の対応する組合せ同士の頻度を引き算した頻度表を返す（ただし減算結果が負になる場合は 0 とする）.
$max(P, Q)$	P と Q で頻度が大きい方を集めた $P + (Q - P)$ を返す.
$min(P, Q)$	P と Q で頻度が小さい方を集めた $P - (P - Q)$ を返す.
$P.offset(x)$	P の中でアイテム x を含まない組合せを集めた部分頻度表を取り出す.
$P.onset(x)$	P の中でアイテム x を含む組合せを集めた部分頻度表を取り出し，各組合せから x を取り除いた頻度表を返す.
$P.change(x)$	P の各組合せについて，アイテム x の有無を反転させる.
$P.unitset$	頻度を無視して，P に 1 回以上出現する組合せを集めて得られる組合せ集合の ZDD を返す.
$P.upperbound$	P の組合せのうち最大頻度の数値を返す.
$P.top$	頻度表 P の最上位の根節点のアイテム名（識別子）を返す.
$P.count$	P に属する組合せの種類数を返す.
$P * Q$	P と Q の直積集合（cross product）の ZDD ベクトルを返す.
P/Q	P を Q で割った商（quotient）の ZDD ベクトルを返す.
$P\%Q$	P を Q で割った剰余（remainder）の ZDD ベクトルを返す.

度の数値を非負整数に限定しているのは自然なことであるが，これを負数も扱えるようにさらに拡張することもできる．筆者らはこのようなモデルを**重み付き積和集合** (valued sum-of-products: VSOP)[4]と呼び，C-Shell 風のスクリプトで代数演算を表現する文法を定義し，これを ZDD で効率よく計算するインタプリタを開発している．このプログラムは無償公開しているので，誰でも試すことができる．付録 B に，Ruby 版の VSOP インタプリタのマニュアルを掲載しているので，興味のある人はぜひ使ってみてほしい.

11.2　Sequence BDD を用いた文字列集合の処理

　この節では，BDD/ZDD の派生形である Sequence BDD と呼ばれるデータ構造を用いて，文字列の集合（あるいは文字列に限らない一般的な系列データの集合）を効率よく扱う技法について紹介する.

11.2.1 文字列集合の表現

文字列集合（set of sequences または set of strings）は，テキスト文書，遺伝子情報，時系列イベント等，さまざまなデータを表現可能な基盤的な離散構造の一つである．計算理論の分野では言語（language）とも称される．使用する文字の集合をアルファベットと呼び，Σ と書く．$\Sigma = \{a, b, c\}$ のとき，$\{aaa, aba, bbc, bc\}$ は文字列集合の一例である．なお，ここでは有限長の文字列の集合のみを扱うものとする．

通常の ZDD は組合せ集合を表すので，文字の出現順序の違い（たとえば $\{ab, ba\}$）や，文字の重複（たとえば $\{aa, aaa, ab, aabb\}$）は区別できない．簡単に思いつく方法としては，文字の種類と出現位置の二つを組にして符号化したものを ZDD のアイテム変数に割り当てれば，文字列集合を ZDD で表現できる[2]．たとえば，文字列集合 $\{aaa, aba, bbc, bc\}$ は，$\{a_1 a_2 a_3, a_1 a_2 a_3, b_1 b_2 c_3, b_1 c_2\}$ のように符号化できる．図 11.6 に，このような符号化を用いて構築した ZDD を示す．ここでは a_1, a_2, a_3 は同じ文字でも違う出現位置にあるため，異なるアイテム変数とみなして，組合せ集合により文字列集合を表現している．

この方法を使えば，文字列集合を ZDD の演算処理系により操作することが可能となる．しかし，文字列の最大長とアルファベットサイズの積に比例してアイテム変数の数が非常に多くなることや，出現位置が少しでも異なると同じ部分文字列でも共有できないという欠点があった．それに対して，より洗練された新しい手法として，以下に説明する Sequence BDD が知られている．

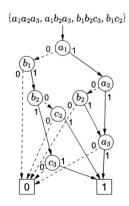

$\{a_1 a_2 a_3, a_1 b_2 a_3, b_1 b_2 c_3, b_1 c_2\}$

図 11.6 アイテム符号化により ZDD で文字列集合を表した例

11.2.2 Sequence BDD

Bryant が BDD の論理演算アルゴリズムを発表し，BDD の技法が注目を集め始めたのは 1986 年のことであるが，それから 20 年以上経過した 2009 年になって，**Sequence BDD**（SeqBDD: 系列二分決定グラフ）と呼ばれる新しいデータ構造による文字列集合の表現方法が，Loekito ら[3]により考案された．これは ZDD と非常によく似たデータ構造であるが，ただ 1 点だけ，変数順序づけの規則が異なる．通常の ZDD では，すべての親節点と子節点の間で，あらかじめ固定された変数順序が守られているのに対し，SeqBDD では，0-枝側のみ変数順序に従うが，1-枝側は変数順序の制約を外しており，記号の重複や逆順が許される．図 11.7 に，SeqBDD の変数順序の例を示す．このように規則を半分だけ緩めたことにより，SeqBDD 上の根節点から 1-終端節点への経路上に，同じラベルをもつ分岐節点が複数個存在することができる．

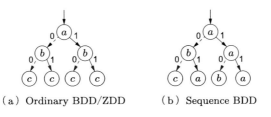

（a）Ordinary BDD/ZDD　　（b）Sequence BDD

図 **11.7**　Sequence BDD の変数順序の規則

図 11.6 と同じ文字列集合を表す SeqBDD の例を図 11.8 に示す．SeqBDD では，根節点は文字列の先頭文字に対応しており，その節点のラベルが x であるとすると，先頭文字が x で始まる文字列と x 以外で始まる文字列に分類をしていることになる．根節点から 0-枝側に進むと，通常の ZDD と同様に，次に x 以外の文字を一つ選んでその文字が先頭に来るかどうかで場合分けを続ける．一方，根節点から 1-枝側に進む場合は，先頭文字は x に決定済みなので，今度は 2 文字目をみて同様に場合分けを行う．興味の対象はすでに 2 文字目に移っているので，ここで x が再び出現しても構わない．これが 1-枝側で変数順序の制約を外す理由である．このようにして文字列集合を SeqBDD 上で分類するということは，結果的に文字列集合を辞書順で索引化していることに他ならない．SeqBDD で根節点からグラフをたどっていって最終的に 1-終端節点に到達した場合は，その経路に対応する文字列が集合に属しているという意味になる．もしも途中で必要なアイテムが飛び越されていた場合や，

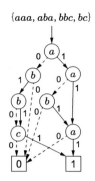

図 **11.8** Sequence BDD の例

0-終端節点に到達してしまった場合は，そのような文字列は集合に属していないことがわかる．

表 11.3 は，SeqBDD の基本演算をまとめたものである．表 10.2 の ZDD の代数系と非常に類似していることがわかる．*onset*, *offset* および *push* の各演算は通常の ZDD と少しだけ異なっているが，その他の二項演算（union，intersection，difference 等）は，ほとんど同じアルゴリズムで実装できる．もう一つ興味深いのは，SeqBDD では，左右非対称なゼロサプレス型の簡約化規則が不可欠であるということである．SeqBDD は変数順序が左右非対称なので，通常の BDD の左右対称の簡約化規則では不都合が起こってしまう．

SeqBDD は出現位置による符号化を必要とせず，文字列集合を直接表現できる．

表 **11.3** SeqBDD の基本演算

演算名	内 容
$\emptyset$	空集合の SeqBDD（0-定数節点）を返す．
$\{\lambda\}$	空列 1 個の集合の SeqBDD（1-定数節点）を返す．
$P \cap Q$	P と Q の共通集合（intersection）の SeqBDD を返す．
$P \cup Q$	P と Q の和集合（union）の SeqBDD を返す．
$P \setminus Q$	P と Q の差集合（P にあって Q にない）の SeqBDD を返す．
$P.onset(x)$	x で始まる文字列の部分集合を抽出し，それらの 2 文字目以降の文字列の集合を表す SeqBDD を返す．
$P.offset(x)$	x 以外で始まる文字列の部分集合の SeqBDD を返す．
$P.push(x)$	P の各文字列の先頭に x を付加した文字列集合の SeqBDD を返す．
$P.top$	P の根節点の文字の識別子を返す．
$P.count$	P に属する文字列の個数を返す．
$P * Q$	P と Q の直積集合 (cross product)．P と Q から任意の文字列を 1 組ずつ取り出して連結した文字列集合の SeqBDD を返す．

有限長の文字列の集合しか表現できないという制限はあるが，あらかじめ文字列長の上限を決める必要はなく，SeqBDD がメモリに納まるかどうかだけが制約事項となる．SeqBDD は，非常に長い文字列と短い文字列が混在するような文字列集合を表現する場合にとくに効果的である．

11.2.3 トライと Sequence BDD

　文字列の集合を計算機内部に格納し索引化された辞書をつくることは，古くから研究されている技法である．その中でも最も基本的な手法の一つとして**トライ** (trie) と呼ばれるデータ構造がある．これは，図 11.9（a）に示すように，文字列集合を 1 文字目から辞書順に分類して得られる木構造で，各枝には文字ラベルが付与されている．木の根から葉に至る経路がそれぞれの文字列と対応している．トライは，文字の種類数の分だけの多分岐の木になるが，1 個の多分岐節点を複数個の 2 分岐節点の連鎖に変換し，枝に文字ラベルを付与する代わりに分岐節点に文字ラベルを付与する形にしたのが図 11.9（b）である．こうすることで，任意の文字列集合を表すトライを SeqBDD に変換することができる．さらにこの SeqBDD には等価な節点が含まれるので，共有化を行い既約な形にしたものが図 11.9（c）である．このように，SeqBDD はトライの部分グラフを共有させて DAG にしたものと本質的には同じであることがわかる．トライを DAG にしたデータ構造としては**DAWG**(directed acyclic word graph) と呼ばれる手法が 1990 年代後半には考案されていたので，そちらの方が SeqBDD よりは歴史がある．しかし，DAWG は文字列データを索引化して辞書をつくることを目的としてつくられており，SeqBDD のように，複数の辞書同士で集合演算を行い，別の辞書を合成するようなことは想定されていなかった．

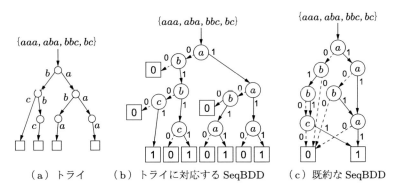

（a）トライ　　（b）トライに対応する SeqBDD　　（c）既約な SeqBDD

図 **11.9**　トライと Sequence BDD の対応関係

SeqBDD は，BDD/ZDD の技法から派生したリッチな演算処理系を備えており，これまでの文字列処理では想定していなかった新しい応用を拓く可能性がある．

　与えられた文字列データに含まれるすべての部分文字列を取り出してトライで索引化したものは，**接尾辞トライ** (suffix trie) と呼ばれる．さらにそれを改良したデータ構造に，**接尾辞木** (suffix tree) がある．伝住ら[1]は，SeqBDD 表現を用いて部分文字列の辞書を構築する **Suffix-DD** と呼ぶ技法を提案している．Suffix-DD により，与えられたテキスト文書の内部に含まれるすべての部分文字列の索引を効率よく表現し，さらに複数の索引集合同士のさまざまな集合演算ができる．

　近年，suffix tree や suffix array と呼ばれる文字列辞書のデータ構造の研究を起点として，非常に大量の文字列データを計算機のメモリ上に効率よく圧縮して格納し，それを辞書として検索などの処理を高速に行う**簡潔データ構造** (succinct data structure)[7] と呼ばれるアルゴリズムの技法が注目を集めている．SeqBDD の技法は，今後，簡潔データ構造の技法と融合しながら発展していくことが期待されている．

11.3　πDD を用いた順列集合の処理

　この節では，BDD/ZDD のまた別の派生形である πDD を用いて，順列の集合（あるいは置換写像データの集合）を効率よく扱う技法について紹介する．

11.3.1　順列集合の表現

　「順列」は「組合せ」と並んで離散数学や計算機科学の基礎をなす重要な概念である．順列は，ソーティング，順序づけ，マッチング，符号化等，多くの実用的な問題で現れる．さらに任意の順列は一つの単射写像に対応づけられるため，群論などの数学的な側面からも重要な意味をもつ．充足可能性判定問題 (SAT) や制約充足問題 (CSP) は，一般に，与えられた条件を満たす組合せを求める問題として定式化されるが，条件を満たす順列を求める問題もまた重要な研究課題である．

　有限集合 $S = \{1, 2, 3, \ldots, n\}$ に関する全単射関数 $\pi : S \rightarrow S$ を**順列** (permutation) と呼ぶ．以下では，π によってアイテム k が a_k に移るとき，$\begin{pmatrix} 1 & 2 & 3 & \cdots & n \\ a_1 & a_2 & a_3 & \cdots & a_n \end{pmatrix}$ と書くこととする．たとえば $\pi = \begin{pmatrix} 1 & 2 & 3 & 4 \\ 4 & 2 & 1 & 3 \end{pmatrix}$ は，$1 \xrightarrow{\pi} 4$，　$2 \xrightarrow{\pi} 2$，　$3 \xrightarrow{\pi} 1$，　$4 \xrightarrow{\pi} 3$ を意味する．$\pi_1 \cdot \pi_2$ を順列の**合成** (composition) と呼び，二つの順列 π_1 と π_2 を続けて適用してアイテムを置き換えること

を意味する．たとえば，$\pi_1 = \begin{pmatrix} 1 & 2 & 3 \\ 3 & 1 & 2 \end{pmatrix}$ および $\pi_2 = \begin{pmatrix} 1 & 2 & 3 \\ 3 & 2 & 1 \end{pmatrix}$ のときの $\pi_1 \cdot \pi_2$ を考えると，$1 \xrightarrow{\pi_1} 3 \xrightarrow{\pi_2} 1$，$2 \xrightarrow{\pi_1} 1 \xrightarrow{\pi_2} 3$，$3 \xrightarrow{\pi_1} 2 \xrightarrow{\pi_2} 2$ であるから，$\pi_1 \cdot \pi_2 = \begin{pmatrix} 1 & 2 & 3 \\ 1 & 3 & 2 \end{pmatrix}$ となる．

順列 π によって移動する最も大きなアイテム番号を，順列の**次元** (dimension) と呼ぶ．たとえば，$\pi = \begin{pmatrix} 1 & 2 & 3 & 4 & 5 \\ 3 & 2 & 1 & 4 & 5 \end{pmatrix}$ では，アイテム 4 と 5 は動かないので，π の次元は 3 である．以下では，次元数より大きなアイテムは省略して $\pi = \begin{pmatrix} 1 & 2 & 3 \\ 3 & 2 & 1 \end{pmatrix}$ と書くことにする．つまり，書いていない大きな番号のアイテムは動かないものとする．どのアイテムも動かさない順列（恒等順列）は特別に I と書くことにする．I の次元は 0 である．I 以外の順列の次元は必ず 2 以上の数になる．

順列集合 (set of permutations) は，順列を要素とする集合である．たとえば $P = \{I, \begin{pmatrix} 1 & 2 \\ 2 & 1 \end{pmatrix}, \begin{pmatrix} 1 & 2 & 3 \\ 2 & 3 & 1 \end{pmatrix}\}$ は，三つの順列を要素とする順列集合である．順列の要素を一つももたない空集合を $\emptyset$ と書くことにする．ある順列集合に属する順列の中で最も大きい次元を，その順列集合の次元とする．順列集合 P の次元が 0 になるのは，$P = \emptyset$ のときと $P = \{I\}$ のときだけで，それ以外は必ず 2 以上の値になる．

最後に，二つの順列集合 P と Q の合成演算 $P \cdot Q$ は，P と Q から任意の順列を一つずつ取り出して合成演算をして得られる順列を，すべての組合せについて集めた集合と定義する．

さて，順列の集合を扱えるとどのような応用があるかを説明しよう．たとえば，有名なパズルであるルービックキューブや 15 パズルなどは，各アイテムが整列した初期状態から単純な置換操作を繰り返して複雑なパタンをつくっていくものであるが，それぞれのパタンは初期状態からの移動を表す順列として表現することができる．もし初期状態から 1 手で到達できるパタンを順列集合 P として列挙できたとすると，$P \cdot P$ の合成演算を実行すると 2 手で到達可能なパタンの集合が求められることになる．これを k 回繰り返せば，$(k+1)$ 手で到達可能なパタンが列挙できることになる．そんなことが BDD/ZDD 風の集合演算で実行できるとしたら，十分にわくわくすることではないだろうか．他にもトランプ，花札，あみだくじなども原理的には順列集合を用いて解析することができる．さらには趣味的なものだけではなく，通信で用いられる符号の設計や，高速なソーティング手順の解析など，実用的な応用も広がっている．

11.3.2 πDD のデータ構造

筆者（湊）が最近提案した **πDD**（permutation decision diagram: 順列二分決定グラフ）[6]は，順列集合を BDD/ZDD のような決定グラフを用いて処理する新しい技法である．このデータ構造は，順列集合をコンパクトかつ一意に圧縮表現することができる．πDD は，これまで組合せ問題で研究されてきたさまざまな優れた技法を，順列の問題に適用するためのヒントを与えるものである．さらに，順列や置換群に関しては，ガロアを始めとする多くの離散数学者の過去の研究の蓄積がある．πDD は，そのような研究分野に新しい計算技法を導入するものであり，関連する多くの興味深い研究テーマが展開できると期待される．

πDD の鍵となるアイデアは，順列 π の次元が k だったときに，適切なアイテムを 2 個選んで，その二つのアイテムだけを交換する（この操作は**互換**と呼ばれる）ことによって，順列の次元を必ず減少させることができるという性質に基づく．たとえば，順列 $\pi = \begin{pmatrix} 1 & 2 & 3 & 4 & 5 \\ 3 & 5 & 2 & 1 & 4 \end{pmatrix}$ の次元は 5 であるが，互換を 1 回適用するたびに次元を減らしていって，4 回の互換で最終的に恒等順列 I に変換することができる．まず 5 と 4 を交換し，次に 4 と 1 を交換，さらに 3 と 2 を交換し，最後に 2 と 1 を交換する．要するに，その時点で定位置からずれている最大番号のアイテムが定位置に戻るように互換のペアを選んでいけばよい．このことから，任意の順列は，互換の組合せからなる標準形で表現できることがわかる．ZDD は組合せ集合を一意に表現できるので，ZDD 的な方法で互換の組合せ集合を表現すれば順列集合を一意に表現できることになる．

図 11.10 に πDD の基本構造を示す．個々の分岐節点に互換を行うアイテム番号の対 (x, y) を割り当てる．ただし，順列集合 P を表す分岐節点では，x は P の次元と同じ番号のアイテムとなるようにし，y は x より小さい番号のアイテムを選ぶことにする．x と y の互換を $\tau_{(x,y)}$ と書くとすると，πDD の各分岐節点は以下の展開式に対応する．

$$P = P_0 \cup (P_1 \cdot \tau_{(x,y)})$$

P_0 と P_1 は，P に含まれる順列を，その互換標準形に $\tau_{(x,y)}$ を含むかどうかによって，二つの部分集合に分類したものである．P の最大のアイテム x は，P_1 に含まれるどの順列においても動かないので，P に比べて P_1 の次元が必ず減ることが保証される．この展開を再帰的に適用することによって，最終的には，空集合 $\emptyset$（0-終端節点）または恒等順列のみの集合 $\{I\}$（1-終端節点）のどちらかが得られる．πDD

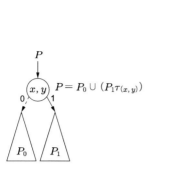

図 **11.10** πDD の基本構造

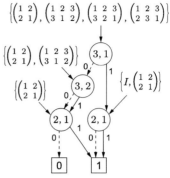

図 **11.11** 複数の πDD の共有

では，根節点から 1-終端節点に至る経路が，ある一つの順列を生成する互換の列に対応する．さらに通常の BDD/ZDD と同様に，複数の πDD は互いの部分グラフを共有して，根節点を複数もつ πDD で表現することができる（図 11.11 に例を示す）．

以上で πDD の基本データ構造を述べたが，πDD は単に順列集合を圧縮して表現するだけでなく，通常の BDD/ZDD と同様に，与えられた二つの πDD 同士の和集合，共通集合，差集合等の演算を実行して，その計算結果を πDD として出力することができる．表 11.4 は，πDD で順列集合を扱うための基本的な演算をまとめたものである．これらの演算を使用することにより，図 11.12 に示すとおり，単純な πDD から出発して，πDD 同士の二項演算の適用を繰り返すことで，より複雑な πDD を構築していくことができる．さらに順列集合同士の合成演算も比較的高速に実行できる．いったん πDD を生成すれば，それを用いてさまざまな解析が効率

表 **11.4** πDD の基本演算

演算名	内　容
$\emptyset$	空集合の πDD（0-終端節点）を返す．
$\{I\}$	恒等順列のみを要素とする集合の πDD（1-終端節点）を返す．
$P \cap Q$	P と Q の共通集合（intersection）の πDD を返す．
$P \cup Q$	P と Q の和集合（union）の πDD を返す．
$P \setminus Q$	P と Q の差集合（P にあって Q にないもの）の πDD を返す．
$P.swap(x,y)$	$P \cdot \tau_{(x,y)}$ を返す．
$P * Q$	合成演算 $\{\alpha \cdot \beta \mid \alpha \in P,\ \beta \in Q\}$ の πDD を返す．
$P.cofact(x,y)$	互換標準形に $\tau_{(x,y)}$ を含む部分集合の πDD を返す．
$P.top$	P の根節点の互換アイテム (x,y) を返す．
$P.count$	P に属する順列の個数を返す．

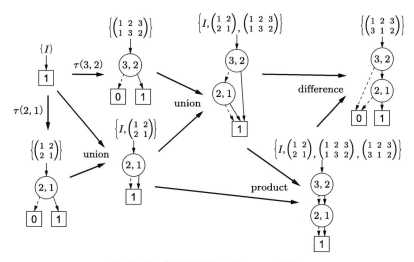

図 **11.12** 代数的演算による πDD の構築

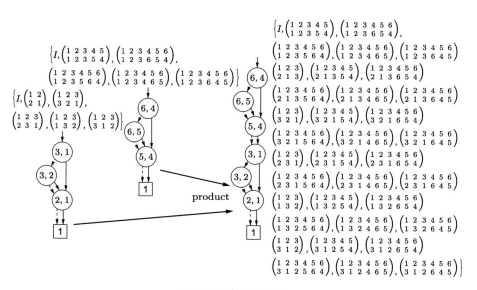

図 **11.13** 合成演算の例

よく行える．たとえば生成した順列の総数のカウントや，与えられた制約を満たす順列の抽出等が可能となる．

顕著な効果がみられる例として，互いにアイテムが独立な二つの πDD 同士の合成演算を実行した様子を図 11.13 に示す．この例では，生成される順列の個数は掛け算で増加するが，πDD の節点数は足し算でしか増えないことがわかる．計算時間は πDD の節点数に依存するので，このような場合には，πDD は，明示的なデータ構造を用いる場合に比べて指数関数的に高速化できることになる．

11.3.3 応用例 — あみだくじの解析

あみだくじは日本人なら誰でも知っている順列の生成法である．これに類する順列生成回路は，暗号システムや信号処理システム等のハードウェア設計でもしばしば出現する．ここでは図 11.14 に示すとおり，あみだくじの幅を n とし，X_k を隣接互換を表す線とする．このとき，最低何個の隣接互換を使えば所望の順列をつくり出すことができるだろうか．

任意の場所の高々 1 個の隣接互換でつくれる順列の集合は，$\bigcup_{i=1}^{n-1} \tau_{(i,i+1)}$ で表せる．したがって，高々 k 個の隣接互換でつくり出せる順列の集合は

$$
\begin{aligned}
P_0 &= I \\
P_1 &= P_0 \cup \left(\textstyle\bigcup_{i=1}^{n-1} \tau_{(i,i+1)} \right) \\
P_k &= P_{k-1} * P_1 \qquad \text{(for } k \geq 2)
\end{aligned}
$$

という漸化式で表現できる．P_0，P_1，P_2，… のように k を増やしながら πDD の演算を繰り返していくと，ある回数 m 以降のすべての k に対して $P_{k+1} = P_k$ となる．このとき，m はすべての順列を生成するために必要な最小の隣接互換の数を表す．

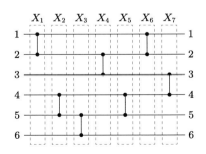

図 **11.14** 順列 $\begin{pmatrix} 1 & 2 & 3 & 4 & 5 & 6 \\ 4 & 2 & 1 & 6 & 5 & 3 \end{pmatrix}$ を生成するあみだくじの例

　以上で述べた技法を用いて，あみだくじの解析の実験を行った．筆者が開発した πDD の演算パッケージを用いて，2.4 GHz Core2Duo PC (メモリ容量 2 GB, SuSE 10, GNU C++) で実行した．表 11.5 に，幅 10 のあみだくじに対する実験結果を示す．表中の「互換の総数」は P_k に含まれる順列の互換標準形の互換回数の総和を表し，πDD を用いずに，順列の互換標準形を明示的に列挙した場合のデータ量を表すと考えてよい．

　実験の結果，P_{46} と P_{45} が等価，すなわち $m = 45$ であることがわかった．言い換えると，45 個の隣接互換を用いれば 362880 (=10!) 通りの全順列をカバーできるということになる．計算の過程で順列の個数は単調に増加していくが，πDD のサイズは P_{27} で最大値 10894 を記録してその後は減少し，最終的にはわずか 45 節点

表 **11.5**　幅 10 のあみだくじに対する実験結果

P_k	πDD 節点数	順列の 個数	互換の 総数	P_k	πDD 節点数	順列の 個数	互換の 総数
P_0	0	1	0	P_{24}	9905	2308843	15996836
P_1	9	10	9	P_{25}	10397	2538974	17671711
P_2	31	54	97	P_{26}	10735	2750063	19206325
P_3	63	209	546	P_{27}	**10894**	2938022	20584666
P_4	109	649	2152	P_{28}	10857	3100359	21772380
P_5	172	1717	6704	P_{29}	10614	3236212	22773147
P_6	261	4015	17632	P_{30}	10157	3346222	23579581
P_7	390	8504	40751	P_{31}	9497	3432276	24214975
P_8	558	16599	84985	P_{32}	8655	3497165	24691907
P_9	773	30239	162995	P_{33}	7669	3544208	25039740
P_{10}	1034	51909	291537	P_{34}	6590	3576891	25279788
P_{11}	1353	84592	491272	P_{35}	5470	3598561	25439624
P_{12}	1727	131635	786100	P_{36}	4374	3612201	25539440
P_{13}	2169	196524	1201963	P_{37}	3353	3620296	25598543
P_{14}	2688	282578	1764353	P_{38}	2444	3624785	25630975
P_{15}	3286	392588	2495497	P_{39}	1671	3627083	25647411
P_{16}	3956	528441	3412177	P_{40}	1055	3628151	25654943
P_{17}	4685	690778	4522462	P_{41}	602	3628591	25657983
P_{18}	5455	878737	5821218	P_{42}	305	3628746	25659023
P_{19}	6249	1089826	7296041	P_{43}	136	3628790	25659303
P_{20}	7047	1319957	8915085	P_{44}	59	**3628799**	25659355
P_{21}	7834	1563651	10645703	P_{45}	**45**	**3628800**	25659360
P_{22}	8591	1814400	12433871	P_{46}	**45**	**3628800**	25659360
P_{23}	9293	2065149	14239194				

の πDD で 10!通りの全順列を表現できている．あとになるほど順列の個数は増える
が，きれいな構造になることから圧縮率が高まるものと考えられる．

さらに，P_{45} と P_{44} の順列の個数の違いはわずか 1 通りであることが観察で
きる．そこで差集合演算 $(P_{45} \setminus P_{44})$ を実行すると，最後に求められた順列は
$\begin{pmatrix} 1 & 2 & 3 & 4 & 5 & 6 & 7 & 8 & 9 & 10 \\ 10 & 9 & 8 & 7 & 6 & 5 & 4 & 3 & 2 & 1 \end{pmatrix}$ であることがわかった．つまり，あみだくじ
では逆順の順列をつくる場合に最も交換回数を必要とすることが確かめられた．他
にも，P_k に関する順列集合の演算を行うことにより，与えられた順列を生成するた
めの最小の k を簡単に調べることができる．また，その順列を得るための隣接互換
の配置例も，比較的容易に求められる．

表 11.6 は，幅 n のあみだくじについて，$n = 14$ まで実験した結果を示す．この
表では πDD の節点数のピーク値と最終値，および収束するまでの計算時間を示し
ている．最終的に得られる順列の総数は明らかに $n!$ であるが，πDD の最終サイズ
はわずか $n(n-1)/2$ である．πDD サイズのピーク値は指数関数的に増大している
が，$n!$ よりは緩やかにみえる．この例では，明示的に順列を列挙する方法に比べて，
πDD 表現は 1000 倍，あるいはそれ以上コンパクトであるといえる．

πDD に関する研究は現在も進行中である．たとえば，演算の計算量をより厳密に
評価すること，置換群を操作する使いやすいツールを提供すること，順列集合に関

表 **11.6** 幅 n のあみだくじに関する実験結果

n	m	πDD 節点数 (ピーク値)	(最終値)	順列の個数	互換の総数	時間 (秒)
1	0	0	0	1	0	0.00
2	1	1	1	2	1	0.00
3	3	3	3	6	7	0.00
4	6	9	6	24	46	0.00
5	10	27	10	120	326	0.00
6	15	89	15	720	2556	0.01
7	21	292	21	5040	22212	0.02
8	28	972	28	40320	212976	0.06
9	36	3241	36	362880	2239344	0.26
10	45	10894	45	3628800	25659360	1.19
11	55	36906	55	39916800	318540960	5.77
12	66	125904	66	479001600	4261576320	27.06
13	78	435221	78	6227020800	61148511360	126.80
14	91	1520439	91	87178291200	937030429440	666.29

するさまざまな実用的応用を考えること，順列集合の代数的演算をさらに充実させること，n 個のアイテムから k 個だけを取り出して並べる順列を扱う方法，順列の多重集合を扱う方法，など多くの研究課題がある．

☐ 第 11 章の関連図書・参考文献

[1] 伝住周平, 有村博紀, 湊 真一. 系列二分決定グラフを用いた部分文字列索引の構築. 第 2 回データ工学と情報マネジメントに関するフォーラム (DEIM 2010), E3-4, Feb. 2010.

[2] R. Kurai, S. Minato, and T. Zeugmann. N-gram analysis based on zero-suppressed BDDs. In *New Frontiers in Artificial Intelligence, Joint JSAI 2006 Workshop Post-Proceedings, LNAI 4384*, pp. 289–300, 2006.

[3] E. Loekito, J. Bailey, and J. Pei. A binary decision diagram based approach for mining frequent subsequences. *Knowledge and Information Systems*, Vol. 24, No. 2, pp. 235–268, 2010.

[4] 湊 真一. VSOP: ゼロサプレス型 BDD に基づく「重み付き積和集合」計算プログラム. 電子情報通信学会技術研究報告, Vol. 105, No. 72 (COMP2005-5), pp. 31–38, 2005.

[5] Shin-ichi Minato, Takeaki Uno, and Hiroki Arimura. LCM over ZBDDs: Fast generation of very large-scale frequent itemsets using a compact graph-based representation. In *Advances in Knowledge Discovery and Data Mining*, Vol. 5012 of *Lecture Notes in Computer Science*, pp. 234–246. Springer Berlin Heidelberg, 2008.

[6] Shin-ichi Minato. πDD: A new decision diagram for efficient problem solving in permutation space. In *Theory and Applications of Satisfiability Testing - SAT 2011*, Vol. 6695 of *Lecture Notes in Computer Science*, pp. 90–104. Springer Berlin Heidelberg, 2011.

[7] 定兼邦彦. 大規模データ処理のための簡潔データ構造. 情報処理学会誌, vol. 48, No. 8, pp. 899-902, 2007.

[8] T. Uno, Y. Uchida, T. Asai, and H. Arimura. LCM: an efficient algorithm for enumerating frequent closed item sets. In *Proc. Workshop on Frequent Itemset Mining Implementations (FIMI'03)*, 2003. `http://fimi.cs.helsinki.fi/src/`.

付録 A

Graphillion マニュアル

執筆担当：井上　武

本節では Graphillion のインストール方法と利用方法を簡単に説明する．なお，Python については優れたチュートリアル[1]があるため，ここでは説明を省略する．

A.1　Graphillion インストール

A.1.1　MacOSX, Linux

Graphillion は Python と C/C++ のソースコードとして提供されている．ソースコードをコンパイルするために，以下が必要となる．

- Python（バージョン 2.6 以上，3.0 未満）
- Python 開発環境（Python.h を使うため）
- C/C++ コンパイラ（GCC 4.2 以上，あるいは Clang 3.4 以上）
- 64 ビット OS（桁数の大きな数値を効率的に扱うため）

MacOSX では XCode をインストールすればすべて揃う．Linux では python, python-dev, gcc を個別にインストールする．

Graphillion のソースコードは PyPI (Python Package Index) という Python のライブラリ管理システムに登録されており，コマンド一つでダウンロードからインストールまで自動的に行われる．

```
1  $ sudo easy_install graphillion
```

A.1.2　Windows

Windows へのインストールでは，Anaconda という Python 数値計算環境を利用する．

まず，http://repo.continuum.io/archive/ から，Anaconda-2.1.0-Windows-x86_64.exe をダウンロードし，インストールする（最新版の Anaconda2.2 以降は

1.http://docs.python.jp/2/tutorial/

動作未確認なので注意). 次に, %PATH% 環境変数に以下のパスを追加する (必要
に応じて Anaconda のパスを修正すること).

```
1  set PATH=%PATH%;C:\Anaconda;C:\Anaconda\Scripts;C:\Anaconda\DLLs;C:
   \Anaconda\MinGW\bin;C:\Anaconda\MinGW\x86_64-w64-mingw32\lib
```

　ソースファイル (tar.gz または zip ファイル) を http://graphillion.org/
からダウンロードし, 解凍する. 続いて IPython を実行し, 解凍した Graphillion
のフォルダ (setup.py があるフォルダ) に移動する. 最後に, 以下のようにコン
パイル, インストールを行う.

```
1  $ run setup.py build install
```


A.2　GraphSet クラス

　Graphillion は, グラフの集合を効率的に表現する GraphSet クラスを提供する
(ここでは簡単のため, 「全体グラフの部分グラフ」を単にグラフと呼ぶ). 本書で
解説したグラフ列挙アルゴリズムは, この GraphSet クラスから利用する. なお,
GraphSet クラスは, Python 標準の集合クラス set の派生クラスと考えることも
でき (そのようには実装されていないが), set のすべてのメソッドを利用できる.

A.2.1　GraphSet クラスにおけるグラフの表現

　Graphillion では, グラフの各要素を Python オブジェクトとして表現する. 以
下に要素とオブジェクトの対応関係を示す.

表 **A.1**　要素とオブジェクトとの対応関係

要素	Python での表現方法	例
頂点	任意のハッシュ可能オブジェクト	1, 'v1', (x, y)
辺	頂点のタプル (組)	(1, 2)
重み付き辺	重みをもった頂点のタプル	(1, 2, -1.5)
グラフ	(重みをもった) 辺のリスト	[(1, 2, -1.5), (1, 3)]
グラフ集合	GraphSet オブジェクト	GraphSet([[(1, 2), (1, 3)], [(1, 2), (2, 3)]])

　数値やテキスト文字列など, ハッシュ可能なあらゆるオブジェクトを頂点として
用いることができる. 辺は頂点のペアとして定義され, グラフは辺のリストとして

定義される．現時点では無向辺のみに対応しており，有向辺は扱えない．なお，本書では簡単のために辺のリストを用いてグラフを表すが，3.2 節の理論に従って辺の集合 set を用いてもよい．

Graphillion を利用する前には，必ず「全体グラフ」を設定しなければならない．Graphillion は，設定された全体グラフの部分グラフを扱う．本節では，図 A.1 のグラフが全体グラフであるとして説明を行う．

```
1 >>> from graphillion import GraphSet
2 >>> universe = [(1, 2), (1, 4), (2, 3), (2, 5), (3, 6), (4, 5),
      (5, 6)]
3 >>> GraphSet.set_universe(universe)
```

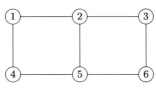

図 **A.1** 全体グラフ

A.2.2 GraphSet オブジェクトの構築

GraphSet クラスのオブジェクトを構築するには，グラフのリスト（あるいはグラフの集合），辺の制約，グラフの種類という三つの方法がある．

■ グラフのリスト

GraphSet オブジェクトを構築する最も直接的な方法である．グラフのリスト（あるいは集合 set）を指定して，それを保持する GraphSet オブジェクトを構築する．

次の例では，1 本の辺をもつグラフ graph1 と，2 本の辺をもつグラフ graph2 の二つを用意し，両方をもつ GraphSet オブジェクトを構築している．

```
1 >>> graph1 = [(1, 4)]
2 >>> graph2 = [(1, 2), (2, 3)]
3 >>> gs = GraphSet([graph1, graph2])
4 >>> gs
5 GraphSet([[(1, 4)], [(1, 2), (2, 3)]])
```

　引数を与えなければ，空のリスト [] が与えられたとみなし，グラフを一つももたない空の GraphSet オブジェクトが構築される．

```
1  >>> gs = GraphSet()
2  >>> gs
3  GraphSet([])
```

■ 辺の制約

　辺の制約では，GraphSet オブジェクト中のグラフに含まれる辺・含まれない辺を指定する．この制約は，含まれる辺および含まれない辺のリストを指定した辞書型オブジェクト (dict) によって表現される．制約されない辺は，グラフに含まれても含まれなくてもよいとする．

　次の例では，辺 (1,4) が含まれ，かつ辺 (1,2) および (2,3) が含まれない GraphSet オブジェクトを構築している．

```
1  >>> edges1 = [(1, 4)]
2  >>> edges2 = [(1, 2), (2, 3)]
3  >>> GraphSet({'include': edges1, 'exclude': edges2})
4  GraphSet([[(1, 4)], [(1, 4), (2, 5)], [(1, 4), (3, 6)], ...
```

　空の辞書 {} を指定すると，何の制約も指定されなかったことになり，その場合，全体グラフに含まれるすべてのグラフを含むグラフセットが返される（N を全体グラフの辺の数だとすると，2^N のグラフが得られる）．

```
1  >>> gs = GraphSet({})
2  >>> len(gs)
3  128      # 2^7
```

■ グラフの種類

　木などのグラフの種類を指定して，その条件を満たすすべてのグラフからなる GraphSet オブジェクトを構築する．表 A.2 の種類がサポートされている．

　たとえば paths() メソッドは，指定された二つの頂点間のすべての経路からなる GraphSet オブジェクトを構築する．頂点 1, 6 をつなぐ経路を列挙し，GraphSet

表 **A.2** GraphSet オブジェクト

メソッド名	説明
GraphSet.connected_components (vertices)	頂点集合 vertices をつなぐ連結グラフを含む GraphSet オブジェクトを返す.
GraphSet.cliques(k)	頂点数が k 個の頂点をもつ完全グラフを含む GraphSet オブジェクトを返す.
GraphSet.trees(root, is_spanning)	頂点 root を根とする木を含む GraphSet オブジェクトを返す. is_spanning=True とすると全域木のみを含むようになる.
GraphSet.forests(roots, is_spanning)	頂点集合 roots の各頂点を根とする森を含む GraphSet オブジェクトを返す. is_spanning=True とすると全域森のみを含むようになる.
GraphSet.cycles(is_hamilton)	閉路を含む GraphSet オブジェクトを返す. is_hamilton=True とするとハミルトン閉路のみを含むようになる.
GraphSet.paths(vertex1, vertex2, is_hamilton)	頂点 vertex1 と vertex2 をつなぐ経路を含む GraphSet オブジェクトを返す. is_hamilton=True とするとハミルトン経路のみを含むようになる.
GraphSet.graphs(constraints)	指定された制約 constraints を満たすグラフを含む GraphSet オブジェクトを返す.

オブジェクトを構築する例を示す.

```
1 >>> paths = GraphSet.paths(1, 6)
2 >>> paths
3 GraphSet([[(1, 2), (2, 3), (3, 6)], [(1, 2), (2, 5), (5, 6)],
   [(1, 4), (4, 5 ...
```

なお,より複雑なグラフを指定するために,Graphillion は低レベルの graphs() メソッドを提供する.上に挙げたメソッドは graphs() を内部で呼び出している.このメソッドを利用することで,上に挙げた以外のグラフを列挙することができる.以下は,paths(1,6) と同じことを実行する例である.

```
1 >>> start = 1
2 >>> end = 6
3 >>> zero_or_two = xrange(0, 3, 2)
4 >>> degree_constraints = {start: 1, end: 1,
```

```
5  ...                       2:  zero_or_two, 3:  zero_or_two,
6  ...                       4:  zero_or_two, 5:  zero_or_two}
7  >>> GraphSet.graphs(vertex_groups=[[start, end]],
8  ...                    degree_constraints=degree_constraints,
9  ...                    no_loop=True)
10 GraphSet([[(1, 2), (2, 3), (3, 6)], [(1, 2), (2, 5), (5, 6)],
   [(1, 4), (4, 5 ...
```

A.2.3 GraphSet オブジェクトの操作

GraphSet オブジェクトが保持するグラフ集合を操作するために，さまざまなメソッドが提供されている．ここでは，それらの操作をグラフの選択，変更，比較に分類して説明する．また，多くの Python オブジェクトと同様にイテレータ（反復処理）やシリアライズ（保存）の機能も提供している．

■ グラフの選択

GraphSet オブジェクトからグラフを選択するメソッドについて説明する（表A.3）．これらのメソッドは，与えられた条件を満たすグラフを選択し，それらを集めた GraphSet オブジェクトを生成して返す（個々のグラフの形は変化しない）．なお，†のついたメソッドは，メソッドを呼び出した GraphSet オブジェクト gs 自身を変更する．

先に述べたグラフの種類を指定する構築メソッドは，グラフの選択に用いることもできる．たとえば，GraphSet オブジェクト gs が与えられたとき，gs.paths(1, 6) のようにすると，集合 gs に含まれるグラフのみから頂点 1, 6 をつなぐ経路を選択できる．

```
1  >>> edges1 = [(1, 4)]
2  >>> edges2 = [(1, 2), (2, 3)]
3  >>> gs = GraphSet({'include':  edges1, 'exclude':  edges2})
4  >>> gs
5  GraphSet([[(1, 4)], [(1, 4), (2, 5)], [(1, 4), (4, 5)], [(1, 4),
      (3, 6)], [( ...
6  >>> gs.paths(1, 6)
7  GraphSet([[(1, 4), (4, 5), (5, 6)]])
```

表 **A.3** グラフを選択するメソッド

メソッド名	説明
gs.union(other), gs | other	gs と other のいずれかに含まれるグラフからなる GraphSet オブジェクトを返す.
gs.intersection(other), gs & other	gs と other にともに含まれるグラフからなる GraphSet オブジェクトを返す.
gs.difference(other), gs - other	gs に含まれるグラフのうち, other に含まれないグラフからなる GraphSet オブジェクトを返す.
gs.symmetric_difference (other), gs ðther	gs か other のどちらか一方のみに含まれるグラフからなる GraphSet オブジェクトを返す.
gs.update(other)†, gs |= other†	other のすべてのグラフを追加し, gs を更新する.
gs.including(obj)	gs に含まれるグラフのうち, obj (グラフ集合, グラフ, 辺, 頂点のいずれか) のスーパーグラフからなる GraphSet オブジェクトを返す (表 10.2 の Restrict 演算を利用).
gs.excluding(obj)	gs に含まれるグラフのうち, obj (グラフ集合, グラフ, 辺, 頂点のいずれか) を含まない GraphSet オブジェクトを返す (gs - gs.including(obj) と等価).
gs.included(obj)	gs に含まれるグラフのうち, obj (グラフ集合, グラフのいずれか) の部分グラフからなる GraphSet オブジェクトを返す.
gs.larger(size)	gs に含まれるグラフのうち, 辺数が size より多いグラフからなる GraphSet オブジェクトを返す.
gs.smaller(size)	gs に含まれるグラフのうち, 辺数が size より少ないグラフからなる GraphSet オブジェクトを返す.
gs.graph_size(size)	gs に含まれるグラフのうち, 辺数が size に一致するグラフからなる GraphSet オブジェクトを返す.
gs.minimal()	gs に含まれるグラフのうち, 極小であるグラフのみからなる GraphSet オブジェクトを返す.
gs.maximal()	gs に含まれるグラフのうち, 極大であるグラフのみからなる GraphSet オブジェクトを返す.

■ グラフの操作

表 A.4 に, グラフ集合に含まれる個々のグラフを変更するメソッドと, 関連するメソッドを説明する.

表 **A.4** グラフの変更等に関するメソッド

メソッド名	説明
gs.add(edge)†	gs に含まれるすべてのグラフに辺 edge を接合する（引数がグラフのときは，set.add() と同等に振る舞う）.
gs.remove(obj)†, gs.discard(obj)†	gs に含まれるすべてのグラフから obj（辺あるいは頂点）を除去する（引数がグラフのときは，set.remove()，set.discard() と同等に振る舞う）.
gs.flip(edge)†	gs に含まれるすべてのグラフについて，辺 edge の状態（有無）を反転する．gs は更新される.
gs.clear()†	gs を空にする．gs は更新される.
~gs	gs に含まれないグラフからなる GraphSet オブジェクトを返す（補集合を返す）.
gs.complement()	gs に含まれるグラフの補グラフからなる GraphSet オブジェクトを返す.
gs.blocking()	gs に対する blocking set（hitting set と呼ばれることもある）からなる GraphSet オブジェクトを返す.

■ グラフの比較

表 A.5 に，グラフ集合の比較や評価を行うメソッドを説明する．

表 **A.5** グラフ集合の比較・評価を行うメソッド

メソッド名	説明
gs.isdisjoint(other)	gs と other に共通するグラフがなければ True を返す.
gs.issubset(other)	gs のすべてのグラフが other に含まれているかどうかを評価する.
gs.issuperset(other)	other のすべてのグラフが gs に含まれているかどうかを評価する.
obj in gs	obj（グラフ，辺，頂点）が gs に含まれていれば True，でなければ False を返す.
len(gs), gs.len()	gs に含まれるグラフの数を返す.

■ イテレータ

表 A.6 に，GraphSet オブジェクトが提供するイテレータと関連メソッドを説明する．for ループとともに用い，オブジェクトに含まれるグラフを一つずつ処理する．

表 **A.6**　イテレータに関するメソッド

メソッド名	説明
iter(gs)	gs に含まれるグラフを任意の順に選択するイテレータを返す．for g in gs: とすると暗黙のうちに呼ばれる．
gs.rand_iter()	gs に含まれるグラフをランダムに選択するイテレータを返す．
gs.min_iter([weights])	gs に含まれるグラフを辺の重みの昇順に選択するイテレータを返す．重みは，全体グラフ設定時あるいは min_iter の引数で指定する．
gs.max_iter([weights])	gs に含まれるグラフを辺の重みの降順に選択するイテレータを返す．重みは，全体グラフ設定時あるいは max_iter の引数で指定する．
gs.pop()	gs から任意のグラフを取り除き，残りのグラフ集合を返す．
gs.choice()	gs から任意のグラフを返す（gs は変化しない）．

■ 保存

GraphSet オブジェクトは，以下のようにしてファイルに保存できる．全体グラフと GraphSet オブジェクトは異なるファイルに保存しなければならない．

```
1 >>> import pickle
2 >>> fp = open('/path/to/graphset', 'wb')
3 >>> gs.dump(fp)
4 >>> fp = open('/path/to/universe' 'wb')
5 >>> pickle.dump(GraphSet.universe(), fp)
```

保存したオブジェクトは以下のようにして復元する．

```
1 >>> import pickle
2 >>> fp = open('/path/to/universe')
3 >>> GraphSet.set_universe(pickle.load(fp))
4 >>> fp = open('/path/to/graphset')
5 >>> gs = GraphSet.load(fp)
```

A.2.4　NetworkX との連携

Graphillion は辺のリストによってグラフを表現するが，NetworkX [2] のような既存のグラフツールのオブジェクトを用いることもできる．ここでは，NetworkX のグラフオブジェクトを利用する方法を説明する．

辺のリストと NetworkX のグラフオブジェクトを変換するためのメソッドを登録する．

```
1  >>> import networkx as nx
2  >>> GraphSet.converters['to_graph'] = nx.Graph
3  >>> GraphSet.converters['to_edges'] = nx.Graph.edges
```

NetworkX のグラフオブジェクトを Graphillion に引き渡す．

```
1  >>> g = nx.Graph(...)                 # NetworkX のグラフを生成する
2  >>> GraphSet.set_universe(g)
```

逆に，Graphillion から NetworkX のグラフオブジェクトを受け取る．

```
1  >>> gs.choice()                       # NetworkX のグラフオブジェクトを返す
2  <networkx.classes.graph.Graph object at 0x100456d10>
```

NetworkX のグラフ可視化機能を利用することもできる．

```
1  >>> nx.draw(gs.choice())
2  >>> import matplotlib.pyplot as plt
3  >>> plt.show()                        # ポップアップウィンドウを表示する
```

A.2.5　リファレンス

本書で説明できなかった詳細については，下記のようにして表示されるリファレンスを参照されたい．

```
1  $ pydoc graphillion.GraphSet
```

指定されたメソッドの情報のみを表示することもできる．

2.http://networkx.github.io/

```
1  $ pydoc graphillion.GraphSet.paths
```

-w オプションを指定すると，HTML として出力する．

```
1  $ pydoc -w graphillion.GraphSet
```

付録 B

Ruby版VSOP（ZDDライブラリ）マニュアル

執筆担当：中元政一，羽室行信，湊　真一

B.1　概要

　本パッケージは，11.1 節で紹介した重み付きのアイテムの組合せ集合をコンパクトに格納することを可能とする VSOP (valued-sum-of-products calculator) を，Ruby 拡張ライブラリとして実装したものである．

　本パッケージでは，ZDD ベクトル表現で表された組合せ頻度表を Ruby のオブジェクト（以下「**ZDD オブジェクト**」と呼ぶ）として扱う．そして ZDD オブジェクトに対して定義された各種関数はクラスメソッドとして利用でき，また，各種演算子（+,-,==など）も，ZDD に対する演算子としてオーバーロードされており，ZDD と Ruby の機能をシームレスに組み合わせて利用することを可能としている．さらに，自動的な型変換もサポートしており，よりストレスなくプログラミングができるように工夫している．なお本節では，「ZDD」という用語を，ZDD ベクトル表現で表された組合せ頻度表の意味で用いていることに注意されたい．

B.2　インストール

　本パッケージは，`http://www-erato.ist.hokudai.ac.jp/zdd` より，Ruby のライブラリ標準フォーマット Ruby gem にて配布されている．本パッケージは Linux および MacOSX の Ruby1.8 以降に対応している．上記 Web ページより環境に応じた gem ファイルをダウンロードし，コマンドラインより以下のとおりインストールする（以下は Mac での例）．

```
1  $ gem install zdd-1.0.0-darwin.gem
```

B.3　用語・表記

■ アイテム，アイテム集合，項，重み付き積和集合，式

　本パッケージでは，集合の要素を**アイテム**と呼び，アイテムを要素にもつ集合を

アイテム集合と呼ぶ．スーパーマーケットにおける商品をアイテム，商品の組合せをアイテム集合と考えればわかりやすい．そしてアイテム集合に重みを与えた**項**を要素としてもつ集合を**重み付き積和集合**と呼ぶ．たとえば，三つのアイテム a,b,c についての重み付き積和集合は「abc+3ab+4bc+7c+3」のように表記する（この表記形式を「重み付き積和形式」と呼ぶ）．これは，abc,3ab,4bc,7c の四つの項から成り立ち，3ab は，重みが 3 のアイテム集合{a,b}であることを意味する．スーパーマーケットでいえば，三つの商品 a,b,c を同時に購入した顧客が 1 人いて，a,b を同時に購入した顧客が 3 人いて，といった意味づけをするとわかりやすいであろう．また，要素のないアイテム集合のことを**空アイテム集合**と呼ぶ．上記の重み付き積和集合における最後の項「3」は，空アイテム集合の重みが 3 であることを示している．スーパーマーケットの例でいえば，何も買わなかった人が 3 人いたと考えればよい．また空アイテム集合の重みの ZDD オブジェクトのことをとくに **ZDD 定数オブジェクト**と呼ぶ．

■ アイテム順序表

10.2 節で示したとおり，ZDD の節点数は変数順序の影響を受ける．本パッケージでは，どのアイテムを何番目の変数に割り当てるかを**アイテム順序表**と呼ぶ表によって管理し，利用者がアイテム追加時の変数順序を制御できるようにしている．

B.4　使用方法

本節では，まず本パッケージの基本的な利用方法を示す．実行例は，Ruby スクリプトを記述して実行してもよいし，Ruby インタプリタである irb 上で一行ずつ実行してもよい．

■ ZDD Ruby 拡張ライブラリの require

ZDD Ruby 拡張ライブラリは Rubygems を使ってパッケージングされているので，以下のとおり rubygems を require した後に nysol/zdd を require する．

```
1  > require 'Rubygems'          # Ruby 1.9 以降は必要ない
2  > require 'nysol/zdd'
```

■ 利用するアイテムの宣言と定義

利用するアイテム名を宣言するために ZDD::symbol 関数を利用する．一つの関数で一つのアイテムが宣言できる．アイテム宣言の順序は重要で，その順序でアイテム順序表が作成され，先に宣言されたアイテム（変数）が ZDD の上位階層に配置される．よって宣言の順序により異なる構造の ZDD が作成され，そのサイズに大幅に影響を与えることがある．以下では，"a","b","c","d"の四つのアイテムをその順序で宣言している．

```
1  > ZDD::symbol("a")
2  > ZDD::symbol("b")
3  > ZDD::symbol("c")
4  > ZDD::symbol("d")
```

symbol による宣言をスキップし，次に説明する itemset 関数から利用することもできる．ただしそのときは，itemset 関数で指定されたアイテムの出現順に宣言されたことになる．

symbol では単に利用するアイテムを宣言しただけなので，次に，それらのアイテムから構成されるアイテム集合の定義，すなわち ZDD オブジェクトを作成していく．ZDD::itemset 関数にアイテム名をスペース区切りで列挙することでアイテム集合の ZDD オブジェクトを作成することができる．以下では，三つのアイテム"a","b","c"で構成されるアイテム集合{a,b,c}を表す ZDD オブジェクトを，Ruby の変数 x にセットしている．オブジェクトの内容は，show 関数により重み付き積和形式で表示される．

```
1  > x=ZDD::itemset("a b c")
2  > x.show
3   a b c
```

以下では，後の節のために一つのアイテムから構成されるアイテム集合をつくっておく．アイテム名と Ruby 変数が同じ a であるが，これら二つは全く別ものであることに注意する．

```
1  > a=ZDD::itemset("a")
2  > b=ZDD::itemset("b")
3  > c=ZDD::itemset("c")
```

```
4  > d=ZDD::itemset("d")
5  > a.show
6   a
```

■ 四則演算

　11.1 節で述べたように，本パッケージで取り扱う組合せ頻度表には四則演算を始めとしてさまざまな演算が定義されており，それらを組み合わせることで，ZDD オブジェクトを自由に加工することが可能となる．以下に，いくつかの例を示す．一般的な多項式と同様に展開されるものもあれば，そうでないものもある．

```
1  > (a+a).show              # 同じアイテム集合の足し算により重みが足しこまれる
2  2 a
3  > (2*a).show                         # 定数を掛けても同様の結果になる
4  2 a
5  > (a*b).show  # 異なるアイテムの掛け算でアイテム集合にアイテムが追加される
6  a b
7  > (a*a).show
           # 同じアイテムの掛け算は，一般のかけ算とは違い，もとのアイテムになる
8  a
9  > (2*a-a).show                                       # 引き算
10 a
11 > ((a*b*c+b*d+c)/b).show                              # 割り算
12 a c + d
13 > ((a+b)*(c+d)).show
14 a c + a d + b c + b d
15 > ((a+1)*(a+1)).show              # 最後の項の"1"は空アイテム集合の重み
16 3 a + 1
17 > ((a+1)*(a-1)).show
18 a - 1
```

　演算の最後の例として，アイテム集合{a,b,c,d}のすべての部分集合を列挙する方法を以下に示す．

```
1  > f=(a+1)*(b+1)*(c+1)*(d+1)
2  > f.show
3  a b c d + a b c + a b d + a b + a c d + a c + a d + a + b c d + b c +
4   b d + b + c d + c + d + 1
```

　式の展開方法は，上記のケースにおいては，一般的な多項式の展開方法と同様に考えればよい．右辺の演算結果として構築された ZDD オブジェクトが，Ruby 変数 f に代入されている．そして結果，$16(= 2^4)$ のアイテム集合が列挙されていることがわかる．式の最後の項である 1 は，空のアイテム集合の重みである．

■ 頻出アイテム集合

　いま，スーパーマーケットで 4 人の顧客 o,p,q,r が，商品 a,b,c,d について以下のとおり買い物をしていたとする．

顧客	購入商品
o	a,b,c,d
p	b,d
q	a,c,d
r	a,b,d

　これらの購買データから，3 人以上に共通するアイテム集合を求めてみよう．手順は簡単で，それぞれの顧客が購入したアイテム集合のすべての部分集合を求めておき，それらを合計すればよい．以下にその方法を示す．

```
1 > o=(a+1)*(b+1)*(c+1)*(d+1)
2 > p=(b+1)*(d+1)
3 > q=(a+1)*(c+1)*(d+1)
4 > r=(a+1)*(b+1)*(d+1)
5 > all=o+p+q+r
6 > all.show
7 a b c d + a b c + 2 a b d + 2 a b + 2 a c d + 2 a c + 3 a d + 3 a + b
  c d + b c +
8   3 b d + 3 b + 2 c d + 2 c + 4 d + 4
```

　上記の結果から，商品 a,b を購入していた顧客は 2 人で，a,c,d を購入した顧客も 2 人であることがわかる．さらに，重みが 3 以上の項を選択するには以下のように termsGE 関数を用いればよい．

```
1 > all.termsGE(3).show
2   3 a d + 3 a + 3 b d + 3 b + 4 d + 4
```

また，アイテム集合"a b"を含むアイテム集合を選択するには restrict 関数を，逆に，アイテム集合"a b"に含まれるアイテム集合を選択するには permit 関数を用いればよい．ここで，restrict や permit 関数に与えられた引数"a b"は Ruby の文字列型であるが，一方で，それらの関数は ZDD オブジェクトを引数としてとる仕様となっている．このような場合，Ruby 文字列が自動的に ZDD オブジェクトに型変換（キャスト）される．

```
1  > all.restrict("a b").show
2  a b c d + a b c + 2 a b d + 2 a b
3  > all.permit("a b").show
4  2 a b + 3 a + 3 b + 4
```

本パッケージには，上記の方法以外にも頻出アイテム集合を列挙するより高速な方法として，freqpatA 関数や lcm 関数などが用意されている．

■ 制御文との組合せ

上述したアイテム集合の部分集合を全列挙する一連の流れは，制御文と組み合わせることでも実現できる．その例を以下に示す．

```
1  > t=ZDD::constant(1)
2  > ["a","b","c","d"].each{|item|
3  > t*=(ZDD::itemset(item)+1)
4  > }
5   a b c d + a b c + a b d + a b + a c d + a c + a d + a + b c d +
6   b c + b d + b + c d + c + d + 1
```

この例では symbol 関数によるアイテムの宣言はせず，直接 itemset 関数によりアイテム集合を定義している．そして乗算代入演算子*=により Ruby 変数 t に，次々と演算結果を累積していっている．

B.5　N クイーン問題の解法

ここでは，これまでに紹介した ZDD の各種演算を応用して N クイーン問題を解く方法を紹介する．N クイーン問題とは，$N \times N$ のチェス盤上に N 個のクイーンを，お互いにとられないように配置する問題である．クイーンは，将棋の飛車と角を合わせた動きのできるコマで，上下左右と斜め 4 方向の計 8 方向に進むことがで

きる.

5 クイーン問題を ZDD を用いて解く Ruby スクリプトを以下に示す. このスクリプトは http://www-erato.ist.hokudai.ac.jp/zdd からダウンロードできる. このスクリプトで想定しているチェス盤の座標を図 B.1 に示している. このスクリプトの基本的な考え方は以下のとおりである. まず, クイーンを配置するマス目をアイテムと考え, $5 \times 5 = 25$ のマス目の全組合せ, すなわち 2^{25} の組合せのアイテム集合を全列挙する. そのためには前節で解説した方法を使えばよい. そして, その中から条件に合わないアイテム集合を削除する. ここで削除する条件は, (1) お互いにとられるようなアイテム集合, (2) サイズが 5 未満のアイテム集合, を考えれば十分である. ちなみに, サイズが 5 より大きいアイテム集合は, (1) の条件によって削除される. 詳細は, スクリプトにコメントとして記しているので, 確認してもらいたい. スクリプトの最後には, ZDD による演算の途中で格納された ZDD オブジェクトの項の数と内部の頂点数を出力している.

(0,0)	(0,1)	(0,2)	(0,3)	(0,4)
(1,0)	(1,1)	(1,2)	(1,3)	(1,4)
(2,0)	(2,1)	(2,2)	(2,3)	(2,4)
(3,0)	(3,1)	(3,2)	(3,3)	(3,4)
(4,0)	(4,1)	(4,2)	(4,3)	(4,4)

o				
		o		
				o
	o			
			o	

図 **B.1**　5 × 5 のチェス盤の座標　　　図 **B.2**　5 クイーン問題の解の一例

```ruby
1  require "rubygems"
2  require "nysol/zdd"
3  n = 5                                          # チェス盤のサイズ
4
5  # 以下の二重ループにて, 25 マス (アイテム) の全組合せのアイテム集合が列挙され,
6  # 変数 all に格納される. アイテム名には座標を示した文字列"i,j"を用いている.
7  all=ZDD.constant(1)
8  (0...n).each{|i|
9    (0...n).each{|j|
10     all *= (1+ZDD::itemset("#{i},#{j}"))
11   }
12  }
13
```

```
14  # 以下で，お互いにとられる 2 マスの組合せを全列挙し，変数 ng に格納する．
15  g=ZDD.constant(0)
16  (0...n).each{|i|                                            # 行ループ
17   (0...n).each{|j|                                           # 列ループ
18     # マス目 i,j と同じ行番号 (i) をもつアイテムペア
19     (j+1...n).each{|k|
20       ng+=ZDD::itemset("#{i},#{j} #{i},#{k}")
21     }
22     # マス目 i,j と同じ列番号 (j) をもつアイテムペア
23     (i+1...n).each{|k|
24       ng+=ZDD::itemset("#{i},#{j} #{k},#{j}")
25     }
26     # マス目 i,j と，そこから右斜め下方向のアイテムペア
27     (1...[n-i,n-j].min).each{|k|
28       ng+=ZDD::itemset("#{i},#{j} #{i+k},#{j+k}")
29     }
30     # マス目 i,j と，そこから左斜め下方向のアイテムペア
31     (1...[n-i,j+1].min).each{|k|
32       ng+=ZDD::itemset("#{i},#{j} #{i+k},#{j-k}")
33     }
34   }
35  }
36  st=Time.new                                                 # 時間計測用
37  selNG=all.restrict(ng)
                    # 1）互いにとられるアイテムペアを含むアイテム集合を選択
38  selOK=selNG.iif(0,all)
                    # 2）全アイテム集合 all から 1）で求めたアイテム集合を除外
39  selLT=selOK.permitsym(n-1)
                    # 3）2）の結果から，サイズが n-1 以下のアイテム集合を選択
40  ans =selLT.iif(0,selOK)   # 4）2）の結果から 3）で求めたアイテム集合を除外
41
42  # 計算過程で作成された ZDD のアイテム集合の数（totalweight 関数），および ZDD
43  # の頂点数（size 関数）を表示する． totalweight 関数は ZDD の各項の重みを合計
44  # するメソッドである．ここでは，すべての項の重みは 1 なので結果として式に含
45  # まれるアイテム集合の数がわかる．
46  puts "all   : #{all.totalweight}\t #{all.size}"
47  puts "selNG : #{selNG.totalweight}\t #{selNG.size}"
48  puts "selOK : #{selOK.totalweight}\t #{selOK.size}"
49  puts "selLT : #{selLT.totalweight}\t #{selLT.size}"
```

```
50  puts "ans :   #{ans.totalweight}\t #{ans.size}"
51  puts "time:  #{Time.new-st}"
52  ans.show                                              # 解の表示
```

以下に実行結果を示す. 25 マスの全組合せは約 3355 万通り（2^{25} の値）と膨大であるにもかかわらず，ZDD の頂点数はわずかに 25 である．restrict 関数によって選択されたお互いにとられる組合せ数 (selNG) もほぼ同じ数であるが，その ZDD 頂点数は 587 と増えており，最も時間を要するところでもある．最終的に 10 のアイテム集合が解として列挙されている．その中の最初の解（項）である "0,0 1,2 2,4 3,1 4,3"の配置を図 B.2 に示す.

```
1   all :   33554432        25
2   selNG : 33553970             587
3   selOK : 462         193
4   selLT : 452         199
5   ans :   10          40
6   time:  0.003749
7    0,0 1,2 2,4 3,1 4,3 + 0,0 1,3 2,1 3,4 4,2 + 0,1 1,3 2,0 3,2 4,4 +
8     0,1 1,4 2,2 3,0 4,3 + 0,2 1,0 2,3 3,1 4,4 + 0,2 1,4 2,1 3,3 4,0
9     + 0,3 1,0 2,2 3,4 4,1 + 0,3 1,1 2,4 3,2 4,0 + 0,4 1,1 2,3 3,0 4,2
10    + 0,4 1,2 2,0 2,0 3,3 4,1
```

また，N を 4 から 11 までに設定したときの，ZDD の頂点数，解の数，そして計算時間を表 B.1 に示す．ZDD の頂点数としては，全マス目の全組合せの ZDD オブジェクト（変数 all）と，ZDD 頂点数が最も多くなる ZDD オブジェクト（変数 selNG）についてのみ掲載している．$N=11$ で selNG の頂点数が約 2000 万となり，

表 **B.1** N クイーン問題の N の値による ZDD の頂点数，解の数，処理時間

N	ZDD 頂点数 (all)	ZDD 頂点数 (selNG)	解数	計算時間（秒）
4	16	142	2	-
5	25	587	10	-
6	36	2918	4	-
7	49	15207	40	0.0207
8	64	83962	92	0.229
9	81	489665	352	1.87
10	100	2995555	724	15.5
11	121	19074050	2680	160.6

*OS: Mac OS X 10.9.4, CPU: 1.7 GHz Intel Core i7, Memory: 8 GB 1600MHz DDR3

約 600 メガバイトのメモリ量を消費することになる（ZDD オブジェクトは 64 bit 環境で 1 頂点あたり約 30 バイト消費する）．計算途中のワークスペースも含めて，8 GB メモリの PC では N=11 あたりが計算の限界となる．ZDD を用いたより効率的な解法が文献 [1] に示されているので，ぜひともチャレンジしてもらいたい．

B.6 演算子・関数一覧

表 B.2 に，本パッケージで利用可能な演算子および関数の一覧を示している．

書式列の関数名および演算子はブロック体で，引数と返り値はイタリック体で示されており，矢印の右側に演算子／関数の返り値が示されている．省略可能な引数は括弧（[]）で囲われている．*obj* は，メソッドが適用される ZDD オブジェクトを表しており，*zdd* や *zdd*1，*zdd*2 は，引数や返り値としての ZDD オブジェクトを表している．たとえば加算演算 (*obj* + *zdd*1 → *zdd*2) では，ZDD オブジェクト *obj* に対して加算メソッド+が適用され，そのメソッドは加算する ZDD オブジェクト *zdd*1 を引数にとり，演算結果を ZDD オブジェクト *zdd*2 として返す．また，*bool* は返り値として真偽値を返すことを表し，その他の表記は，Ruby の整数型オブジェクトや文字列オブジェクトを表している．関数の先頭に ZDD::がついていれば，単独の関数としても呼び出し可能であることを表す．

□ 付録 B の関連図書・参考文献

[1] 奥乃 博，湊 真一．二分決定グラフによる制約充足問題の解法．情報処理学会論文誌，Vol.36, No.8, pp.1789-1799, 1995.

表 **B.2** ZDD クラスで定義されている関数／演算子一覧

書式	内容
ZDD::symbol(*itemName* [, *value*, *to*]) → *Qtrue*	文字列アイテム名 *itemName* のアイテムを宣言する. *cost* を整数値で指定することで，アイテムにコストを設定できる. *to* を指定することで，アイテム順序表への挿入位置を先頭"top"か終端"bottom"を選ぶことができる. *cost* のデフォルトは 0.5 で *to* のデフォルトは"bottom".
ZDD::itemset(*itemset*) → *zdd*	アイテム集合文字列 *itemset* を与えて ZDD オブジェクト *zdd* を生成する.
ZDD::constant(*weight*) → *zdd*	整数 *weight* を与えて ZDD 定数オブジェクト *zdd* を生成する.
obj + *zdd1* → *zdd2*	加算演算: *obj* に *zdd1* を加え，その結果 *zdd2* を返す.
obj - *zdd1* → *zdd2*	減算演算: *obj* から *zdd1* を減じ，その結果 *zdd2* を返す.
obj * *zdd1* → *zdd2*	乗算演算: *obj* に *zdd1* を掛け，その結果 *zdd* を返す.
obj / *zdd1* → *zdd2*	除算演算: *obj* を *zdd1* で除し，その結果 *zdd* を返す.
obj % *zdd1* → *zdd2*	剰余演算: *obj* を *zdd1* で除した余りを *zdd3* で返す.
- *obj* → *zdd*	マイナス単項演算:*obj* に含まれるすべてのアイテム集合の重みの符合を変える.
+ *obj* → *zdd*	プラス単項演算子:*obj* に含まれるすべてのアイテム集合をそのまま返す.
obj < *zdd1* → *zdd2*	*obj* と *zdd* の同じアイテム集合を比較し，*obj* から *zdd1* より重みの小さいアイテム集合を選択し *zdd2* として返す.
obj <= *zdd1* → *zdd2*	*obj* と *zdd* の同じアイテム集合を比較し，*obj* から *zdd1* の重み以下のアイテム集合を選択し *zdd2* として返す.
obj == *zdd1* → *zdd2*	*obj* と *zdd* の同じアイテム集合を比較し，*obj* から *zdd1* の重みと同じアイテム集合を選択し *zdd2* として返す.
obj > *zdd1* → *zdd2*	*obj* と *zdd* の同じアイテム集合を比較し，*obj* から *zdd1* より重みの大きいアイテム集合を選択し *zdd2* として返す.
obj >= *zdd1* → *zdd2*	*obj* と *zdd* の同じアイテム集合を比較し，*obj* から *zdd1* の重み以上のアイテム集合を選択し *zdd2* として返す.
obj.ne?(*zdd1*) → *zdd2*	*obj* と *zdd* の同じアイテム集合を比較し，*obj* から *zdd1* の重みが異なるアイテム集合を選択し *zdd2* として返す.
obj.same?(*zdd1*) → *bool*	*obj* と *zdd1* を比較し，式全体が同じなら true，異なるなら false を返す.
obj.diff?(*zdd1*) → *bool*	*obj* と *zdd1* を比較し，式全体が同じなら false，異なるなら true を返す.
obj.termsEQ(*weight*) → *zdd*	*obj* から整数 *weight* と同じ重みの項を選択し *zdd* として返す.
obj.termsGE(*weight*) → *zdd*	*obj* から整数 *weight* 以上の重みの項を選択し *zdd* として返す.
obj.termsGT(*weight*) → *zdd*	*obj* から整数 *weight* より大きい重みの項を選択し *zdd* として返す.
obj.termsLE(*weight*) → *zdd*	*obj* から整数 *weight* 以下の重みの項を選択し *zdd* として返す.
obj.termsLT(*weight*) → *zdd*	*obj* から整数 *weight* より小さい重みの項を選択し *zdd* として返す.
obj.termsNE(*weight*) → *zdd*	*obj* から整数 *weight* と異なる重みの項を選択し *zdd* として返す.

表 **B.2**（続き）

書式	内容
obj.delta($zdd1$) → $zdd2$	ZDD オブジェクト obj に含まれるアイテム集合 α と $zdd1$ に含まれるアイテム集合 β の排他的論理和 $\alpha \oplus \beta$ を求め，その結果 $zdd2$ を返す．
obj.meet($zdd1$) → $zdd2$	obj に含まれるアイテム集合 α と $zdd1$ に含まれるアイテム集合 β の共通集合 $\alpha \cap \beta$ を求め，その結果 $zdd2$ を返す．
obj.permit($zdd1$) → $zdd2$	obj に含まれるアイテム集合について，$zdd1$ 中の少なくとも一つのアイテム集合に包含されていれば，その項を選択し $zdd2$ として返す．
obj.permitsym($size$) → zdd	obj を構成するアイテム集合のうち，整数 $size$ で示された個数以下のアイテムを含むアイテム集合を選択し，その結果 zdd を返す．
obj.restrict($zdd1$) → $zdd2$	obj に含まれるアイテム集合について，$zdd1$ 中の少なくとも一つのアイテム集合を包含していれば，その項（重み＋アイテム集合）を選択し $zdd2$ として返す．
obj.count → $numItemsets$	obj に格納された項の数（アイテム集合の数）を返す．
obj.items → zdd	obj をアイテム別に重みを集計し，その結果 zdd を返す．
obj.maxweight → zdd	obj に含まれる項（定数項も含む）のうち，最大の重みを ZDD 定数オブジェクト zdd で返す．
obj.minweight → zdd	obj に含まれる項（定数項も含む）のうち，最小の重みを ZDD 定数オブジェクト zdd で返す．
obj.totalweight → $total$	obj に含まれる項（定数項も含む）の重みの合計を整数 $total$ で返す．
obj.cost → $cost$	アイテムに設定されたコスト（symbol 関数にて設定）を obj の各アイテムに代入したときの式の評価値を返す．
obj.maxcost → $cost$	obj 含まれるアイテム集合の中で，最大コスト $cost$ を実数で返す．
obj.maxcover → zdd	obj 含まれるアイテム集合の中で，コストが最大となるアイテム集合を ZDD オブジェクト zdd として返す．
obj.mincost → $cost$	obj 含まれるアイテム集合の中で，最小コスト $cost$ を実数で返す．
obj.mincover → zdd	obj 含まれるアイテム集合の中で，コストが最小となるアイテム集合を ZDD オブジェクト zdd として返す．
obj.freqpatA($minsup$) → zdd	obj の一つの項をトランザクションとみなし，最小サポート $minsup$ 以上出現するアイテム集合をすべて列挙し，その ZDD オブジェクト zdd を返す．
obj.freqpatC($minsup$) → zdd	obj の一つの項をトランザクションとみなし，最小サポート $minsup$ 以上出現する飽和アイテム集合をすべて列挙し，その ZDD オブジェクト zdd を返す．
obj.freqpatM($minsup$) → zdd	obj の一つの項をトランザクションとみなし，最小サポート $minsup$ 以上出現する極大アイテム集合をすべて列挙し，その ZDD オブジェクト zdd を返す．

表 **B.2** (続き)

書式	内容
$obj.\mathrm{lcm}(type, fileNamet,$ $minsup[,order,ub]) \to zdd$	$fileName$ で指定されたトランザクションファイルから，LCM over zdd アルゴリズムを利用し，指定された最小サポート $minsup$ 以上の頻出パタンを列挙しその ZDD オブジェクト zdd を返す．列挙する頻出パタンの種別は $type$ で与え，"F"(頻出アイテム集合),"M"(極大アイテム集合),"C"(飽和アイテム集合) のいずれかを指定できる．また"FQ"のように，"Q"をつけると，列挙された各頻出アイテム集合に頻度を重みとして出力する． $order$ で ZDD のアイテムオーダファイルを指定し，ub で列挙するアイテム集合のサイズの上限を与える．
$obj.\mathrm{iif}(zdd1,zdd2) \to zdd3$	$zdd1$ から obj に含まれるアイテム集合の項を選択し，$zdd2$ から obj に含まれないアイテム集合の項を選択し，それら選択された項で構成される ZDD オブジェクト $zdd3$ を返す．
$obj.\mathrm{each}\{|item|...\} \to Qtrue$	obj からアイテム集合を一つずつ $item$ にセットし，指定されたブロックを繰り返し実行する．
$obj.\mathrm{each\_item}\{|weight, item$ $[,top,bottom]|...\} \to$ $Qtrue$	obj からアイテム集合を一つずつ読み込み，重みとアイテムを $weight$ と $item$ にそれぞれセットし，指定されたブロックを繰り返し実行する．セットされたアイテムが処理中のアイテム集合の最初のアイテムであれば top が true に，最後であれば $bottom$ が false にセットされる．
$obj.\mathrm{density} \to dens$	登録されている全アイテムから構成可能なアイテム集合の総数に対する obj に格納されたアイテム集合の数の割合 (濃度) を計算し，その値を返す．
$obj.\mathrm{size} \to vSize$	obj の ZDD 頂点数を返す．
$\mathrm{ZDD::totalsize} \to vSize$	処理系全体の ZDD 頂点数を返す．
$obj.\mathrm{show}([switch]) \to obj$	obj を積和形式で標準出力に出力する． $switch$ に"bit","hex","map","rmap","case","decomp"が指定でき，積和形式以外にも多様な形式で出力できる．
$obj.\mathrm{export}(fileName) \to obj$	obj の ZDD 内部構造をテキストでシリアライズ出力する．$fileName$ を指定すれば，そのファイルに出力する．省略すれば標準出力に出力する．
$obj.\mathrm{csvout}(fileName) \to self$	obj の内容を $fileName$ で指定したファイルに CSV 形式で出力する．重みとアイテム集合の 2 項目が出力される．
$obj.\mathrm{import}(fileName) \to zdd$	export メソッドでシリアライズ出力された ZDD ファイル $fileName$ をインポートし ZDD オブジェクト zdd を復元する．
$obj.\mathrm{hashout} \to hash$	zdd の内容を Ruby の Hash オブジェクト $hash$ に変換し，そのオブジェクトを返す．ハッシュキーはアイテム集合，対応する値は重み．
$obj.\mathrm{partly} \to bool$	hashout 関数にて全データをセット出来なかった場合，この関数は true を返す．
$obj.\mathrm{to\_a} \to array$	obj からアイテム集合の文字列を配列 $array$ で返す．
$obj.\mathrm{to\_i} \to constant$	ZDD 定数オブジェクト obj を整数 $constant$ に変換する．obj が ZDD 定数オブジェクトでなければ nil を返す．
$odj.\mathrm{to\_a} \to string$	obj を積和形式の文字列 $string$ として返す．

索 引